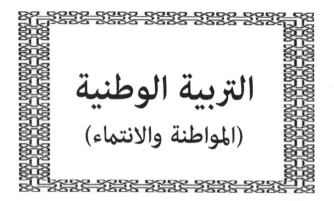

التربية الوطنية
(المواطنة والانتماء)

التربية الوطنية

(المواطنة والانتماء)

إعــــداد

د. محمد عبد الله الخوالدة   د. ريم تيسير الزعبي

دار الخليج
للنشر والتوزيع

بسم الـلـه الرحمن الرحيم

رقم الإيداع لدى دائرة المكتبة الوطنية: (٢٠١٢/٨/٣٠٤٤)

٣٧٠.١٥٧

الخوالدة، محمد عبد الـلـه

التربية الوطنية/ محمد عبدالـلـه الخوالدة، ريم تيسير الزعبي

ر.أ: (٢٠١٢/٨/٣٠٤٤)

الواصفات: /تاريخ الأردن//التربية الوطنية//التنمية الإجتماعية/

- يتحمل المؤلف كامل المسؤولية القانونية عن محتوى مصنفه ولا يعبر هذا المصنف عن رأي دائرة المكتبة الوطنية أو أي جهة حكومية أخرى.

دار الخليج للنشر والتوزيع

- تلفاكس: ٤٦٤٧٥٥٩ - ٦ - ٩٦٢+
- ص.ب.: ١٨٤٠٣٤، عمان، ١١١١٨، الأردن
- البريد الإلكتروني: daralkhalij@gmail.com
- daralkhalij@hotmail.com
- الفيس بوك: http://www.facebook.com/daralkhalij

الإهداء

نهدي هذا الجهد المتواضع إلى:.......

مولانا حضرة صاحب الجلالة الملك عبدالله الثاني المعظم.

المؤلفان

المحتويات

الموضوع	رقم الصفحة
شكر وتقدير	٩
مقدمة	١١
الفصل الأول: (مفهوم المواطنة، أهدافها وأهميتها وأبعادها)	١٣
مقدمة	١٥
مقومات المواطنة	١٩
الترية على المواطنة	٢٣
أبعاد المواطنة	٢٦
عناصر المواطنة	٢٩
اهمية تربية المواطنة واهدافها	٣٢
أهم مواضيع التربية الوطنية	٣٤
مجالات تربية المواطنة	٣٦
الفصل الثاني: (حقوق المواطن وواجباته)	٣٩
مقدمة	٤١
حقوق المواطنة	٤٤
الحقوق في الدستور الأردني	٤٩
الفصل الثالث: المواطنة الفاعلة وسائل تنميتها	٥٣
مكونات المواطنة الفاعلة	٥٧
تربية المواطنة الفاعلة في المدرسة ومناهج التربية الوطنية	٦١
وسائل تنمية مفاهيم المواطنة الفاعلة	٦٥
مقترح بالكفايات التربوية المتعلقة بالتربية الوطنية	٦٧

٧

الفصل الرابع: نماذج لتجارب بعض الدول العربية والأجنبية ٧٥

الدول المتقدمة ٧٧

دول الخليج العربي ٨٢

الفصل الخامس: تاريخ الدولة الأردنية ٨٥

نسب الهاشميين... ٨٧

الثورة العربية الكبرى ٨٨

المحطات المضيئة في تاريخ الملوك الهاشميين ٩٣

جلالة الملك عبدالله الأول بن الحسين ٩٣

جلالة الملك طلال بن عبدالله ٩٥

جلالة الملك الحسين بن طلال ٩٥

جلالة الملك عبدالله الثاني بن الحسين ٩٨

الفصل السادس: وثائق أردنية ١٠١

أولا: نص الميثاق الوطني الأردني ١٠٣

ثانيا: نص وثيقة إعلان الاستقلال ١٤١

ثالثا: الأجندة الوطنية ١٤٦

رابعا: رسالة عمان ١٥٤

خامسا: نص المبادرة الملكية لشعار الأردن أولا ١٦٧

شكر وتقدير

الحمد والشكر لـلـه مولى جميع النعَّم، فله الحمد والشكر أولا وآخراً، اللـهم إنا نسألك زيادة في العلم ونوراً في الفهم، وتقبلّه مناّ ربِّي عملاً خالصاً لوجهك الكريم، اللـهم إن لم يكن في عملنا هذا خيرُ فلا تجعل فيه شراً، وإن لم يكن فيه نفع فلا تجعل فيه ضرراً، وإن لم يكن فيه حق فلا تجعل فيه باطلاً. أما وقد أشرف هذه الكتاب على الانتهاء، لا يسعنا إلا أن نتقدم بجزيل الشكر والتقدير، وخالص الثناء وعظيم الامتنان إلى كل أردني منتمي إلى وطنه الأردن.

وأخيرا لا ندعي في مطلق الأحوال إننا في هذا الجهد المتواضع قد أتيتنا بكل جديد أو أننا أحطتنا بكل جانب من جوانبه، ولكنه جهد بذلناه على أمل أن نكون قد أوفينا فإن بلغنا فالحمد لـلـه أن أعاننا على تحقيق الغاية، وإن قصرنا أو أغفلنا، فالحمد لـلـه أننا اجتهدنا وأنجزنا ما أنجزنا.

١٠

مقدمة

تواجه التربية اليوم في كثير من المجتمعات العديد من التحديات، أخطرها ما يعرف بظاهرة العولمة والتي تحمل في مضامينها تهديداً كبيراً لكل المجتمعات؛ فمع العولمة وما يصاحبها من تداعيات اقتصادية، وثقافية، واجتماعية، وأيدلوجية، لم يعد العالم كما عهدناه فيما مضى؛ فالحدود الثقافية في طريقها إلى التلاشي مما يسمح بانتقال كثير من الأفكار والمعتقدات التي تكاد تقضي على الخصوصية في كثير من المجتمعات، وبالتالي لا يبقى للمكان والتاريخ أي معنى في ظل السعي إلى عولمة التربية، ولهذا خطورته على كل من الدول المتقدمة والنامية من خلال التأثير في مقومات المواطنة والولاء عند أفرادها.

ولقد شهدت العقود الأخيرة من القرن الماضي أحداثاً متلاحقة وتطورات سريعة جعلت عملية التغيير أمراً حتمياً في معظم دول العالم، وقد انتاب القلق بعض المجتمعات من هذا التغير السريع، ولذلك زاد اهتمام المجتمعات الحديثة بالتربية المواطنة، واخذ يستحوذ على عناية المفكرين والعاملين في الحقل التربوي، وخاصة في العقد الأول من القرن الحادي والعشرين الذي اتسم باختلاف القيم وقواعد السلوك وتنامي العنف وتفكك العلاقات وتشابك المصالح، وحركات الربيع العربي في بعض الدول العربية المجاورة.

وحتى تكون المواطنة مبنية على وعي لابد أن تتم بتربية مقصودة تشرف عليها الدولة، يتم من خلالها تعريف الطالب المواطن بالعديد من مفاهيم المواطنة وخصائصها، ومقوماتها وأهدافها وأبعادها، وتعاون العديد من المؤسسات، ومنها الأسرة، والمؤسسات الدينية، والرفاق، ومجموعة العمل، والمدرسة التي تنفرد عن غيرها بالمسؤولية الكبيرة في تنمية المواطنة، وتشكيل شخصية المواطن والتزاماته، وفي تزويده بالمعرفة والمهارات اللازمة من أجل المواطنة الصالحة، وتنجز المدارس

تلك المسؤولية من خلال المناهج الدراسية التي تبدأ في مراحل العمر الصغرى، وتستمر حتـى بقيـة المراحل العمرية.

ولتوضيح كل هذه المعطيات من منظور تربـوي جـاء هـذا الكتـاب في سـت وحـدات، حيـث تناولت الوحدة الأولى مفاهيم المواطنة وخصائصها، ومقوماتها وأهدافها وأبعادهـا، أمـا في الوحـدة الثانية تم تناول حقوق المواطن وواجباته، إما الوحدة الثالثة تـم تنـاول المواطنـة الفاعلـة ووسـائل تنميتها، وفي الوحدة الرابعة تم استعراض تجارب بعض الدول المتقدمة والدول في الخليج العـربي في محاولة استظهار تجربتها في تعليم وتنمية المواطنة، إما الوحدة الخامـسة تـم تنـاول تـاريخ الـدول الأردنية واستعراض المحطات المضيئة في تاريخ الملوك الهاشميون، أما في الوحدة السادسة تم تنـاول وثائق ومبـادرات أردنيـة تـم انجازهـا في عهـد الهاشـمية سـعياً مـنهم إلى الرقـي بالمواطن الأردني والوصول به إلى مصاف الدول المتقدمة.

المؤلفان

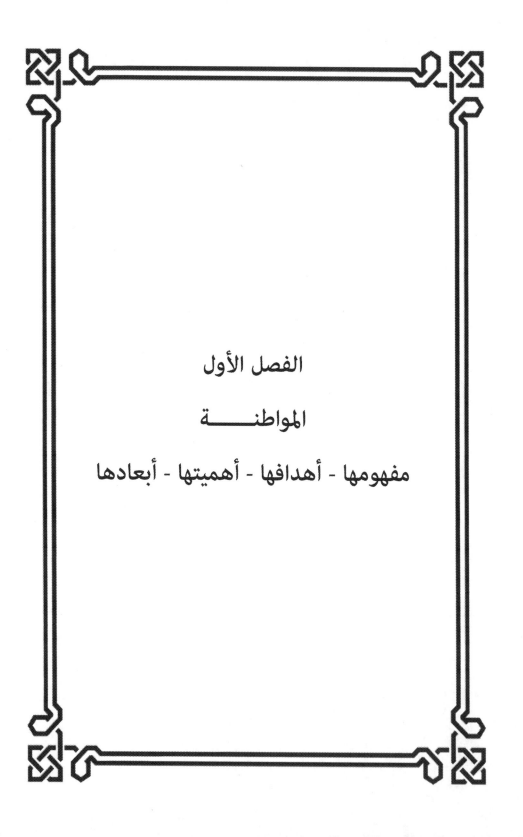

الفصل الأول

المواطنــــة

مفهومها - أهدافها - أهميتها - أبعادها

الفصل الأول

المواطنـــة

(مفهومها - أهدافها- أهميتها – أبعادها)

- مقدمـــة:

الإنسان هو القيمة الحقيقية الموجودة لدى الكثير من الدول التي لا تمتلك موارد طبيعية لـذا
فهو المفتاح الفعلي للمنافسة في عالم اليوم، فالمواطن المتعلم يـتمكن مـن اسـتيعاب وفهم القضايا
المختلفة ثم الاستجابة لها بـشكل إيجـابي ومستقل وبذلك يـتمكن مـن التفريـق بـين الحقـائق
والمغالطات على المستوى الاجتماعـي والـسياسي والمشاركة الفاعلة في الحيـاة العامـة والـسياسية،
بحيث يرتفع مستوى تقديره للصحة واللغة والجمال بما يجعل لديه اتجاها ايجابيـاً نحـو المـستقبل
وكلها معايير مهمة لتحقيق حياة مستقرة للأفراد والمجتمعات.

وفي عصر العولمة التي جلبت معها مفاهيم جديدة للمواطنـة، بعـد أن كانـت الدولـة والأسرة
والعمل المجتمعي والجنسية هـي حـدود المواطنـة، تظهـر الآن شرارة المواطنـة العالميـة التي يجد
الطالب نفسه مضطراً لها، ومن ثم وجب على المدارس أن تعد طلبتها للتعامل مع هـذا المتغـير بـل
يكون قادراً على التعامل بانفتاح مع الغير وقادر على التفاعل مع الثقافات المختلفة، ويجب أعـداد
الطلاب لمواجهة التحديات والمتغيرات الحديثة بمـا يـضمن السلامة الشخصية والوطنيـة، وسـوف
نستعرض بعض المفاهيم الضرورية قبل ذكر مفهوم المواطنة الصالحة ومنها:

١- مفهوم الوطن:

الوطن: هو مكان الإنسان ومقره ومولده ومنشأه والمكان الذي ينتسب إليه ويحمل جنـسيته،
ويدخل تحت أنظمته ويلتزم بها ويتمتع بكامل الحقوق والامتيازات التي يكفلها له.

٢- المواطن:

هو الإنسان الذي يعيش على تراب هذا البلد ويحمل جنسيته ويلتزم بكافة الأنظمة والتعليمات ويتمتع بكافة الحقوق التي كفلها له النظام.

٣- **مفهوم المواطنة:**

هي أن يكون المواطن ملتزماً بكافة أنظمة الدولة، وبكافة ما يصدر من ولي الأمر من قرارات وتعليمات وتوجيهات ملتزماً بأحكام الشرع وآدابه، بعيداً عن أي انحراف عقدي أو فكري أو خلقي أو سلوكي، محافظاً على أمن الوطن ومقدراته ومكتسباته موالياً ومحباً لكافة إخوانه من المواطنين محترماً لكافة المقيمين، محباً لولاة أمر وطنه مستعداً للذود عنه بالنفس والنفيس ،وتعتبر من المفاهيم التي يدور حولها جدلاً كبيراً، لذا يصعب أن نجد لها تعريفاً يرضى به كل المختصين في هذا المجال، وبالتالي يختلف مفهوم المواطنة تبعاً للزاوية التي نتناولها منها، وتبعاً لهوية من يتحدث عنها، وتبعاً لما يراد بها.

فالمواطنة أرقى من أن تكون مفهوما، هي بالحقيقة مبدأ الدولة الحديثة ومرتكزها بل عمودها الفقري في النشوء والاستمرارية، في التكوين والبقاء، ومن ثم فإن المواطنة تحفز المواطن على المطالبة بالحقوق مع أداء الواجبات في سيرورة الاستمرار والتطور، مما يرقي المواطن نفسه إلى الوعي بمكانة المواطنة في حياته الفردية والمجتمعية؛ فهي قيمة أخلاقية واجتماعية وسياسية وسلوك ممارس قبل أن تكون معرفة وثقافة؛ وبهذا تصبح المواطنة أساسا لبناء الدولة المدنية الحديثة، وتكون المواطنة معيارا للحق والواجب، بتوفرها مساحة للمواطن كي يعمل على تطوير نوعية الحياة في المجتمع ويسعى إلى تطويره وتقدمه.

والمواطنة في اللغة العربية منسوبة إلى الوطن، وهو المنزل الذي يقيم فيه الإنسان، والجمع أوطان، ويقال وطن بالمكان وأوطن به أي أقام، وأوطنه اتخذه وطناً، وأوطن

فـلان ارض كـذا أي اتخـذها محـلا ومسكناً يقـيم فيـه، وفي اللغـة الانجليزيـة تـأتي المواطنـة ترجمـة لمصطلح(Citizenship) ويقصد به غرس السلوك الاجتماعي المرغوب حسب قيم المجتمع، مـن أجـل إيجاد المواطن الصالح (Good Citizen).

إن مفهوم المواطنة من المفاهيم التي استقرت قـي الفكر السـياسي المعـاصر، وهـو مفهـوم تاريخي شامل له أبعاد عديدة متنوعة، وعلى الرغم مـن صـعوبة تعريـف مبـدأ المواطنـة باعتبـاره مصطلحاً سياسياً حياً ديناميكيا منطلقا من الوعي السياسي والاجتماعي وقيم الحضارات والمتغـيرات الكبرى إلا انه ظهرت تعريفات للمواطنة نذكر منها:

— وبالرجوع إلى الموسوعة العربية العالمية نجد أنها تعرف المواطنة بأنها "اصطلاح يشير إلى الانتماء إلى أمة أو وطن" وفي قاموس علم الاجتماع تم تعريفها على أنها مكانـة أو علاقـة اجتماعيـة تقوم بـين فرد طبيعـي ومجتمـع سـياسي. وتعرف دائـرة المعـارف البريطانيـة (Encyclopedia Britannica) المواطنة بأنها" علاقة بين فرد ودولة كما يحـددها قـانون تلك الدولة، وبما تتضمنه تلك العلاقة من حقوق وواجبات في تلك الدولة".

— يعرفها مركز التربية الوطنية بأنها" العضوية في الجماعـة السـياسية، وأعضـاء الجماعـة السياسية مواطنوها وبذلك فالمواطنة هي أيضاً العضوية في المجتمـع، والعضوية تتطلـب المشاركة القائمة على الفهم الواعي، والتفاهم، وقبول الحقوق والمسؤوليات".

— امتلاك المهارة في عمليات المجتمع الحر وشعور المواطن بأنه ملتزم وملزم بالمشاركة في العمليـات الاقتصادية والسياسية والاجتماعيـة (Notional council for the social studes,1994).

– يرى أبو حلو (١٩٩٥) أن المواطنة عملية التوازن بالنسبة للفرد وذلك بان يقوم بمـا عليـه من الواجبات ويحصل في المقابل على ما له من الحقوق.

– يذكر النجدي(٢٠٠١) أن المواطنـة صـفة الفـرد الـذي يعـرف حقوقـه ومسـؤولياته تجـاه المجتمع الذي يعيش فيه، ويشارك بفعالية في اتخاذ القرارات وحل المشكلات التي تواجـه المجتمع.

– نظر إليها فتحي هلال وآخرون (٢٠٠٦) من منظور نفسي بأنها الـشعور بـالانتماء والـولاء للوطن وللقيادة السياسية التي هي مصدر الإشباع للحاجات الأساسية وحماية الذات مـن الأخطار المصيرية.

– ويرى علي(٢٠١٠) أن المواطنة مجموعة من الالتزامات المتبادلة بين الأشخاص والدولة

– وتعرف بأنها مفهوم اجتماعي سياسي إنساني متنوع الأبعاد ويتأثر بمستوى النضج الفكري والسياسي والتطور الحضاري والقيم المتوارثة والمتغيرات العالميـة والمحليـة، فهـي صـفة محمودة في كل مجتمع إذا ما اتصفت بثوابت أساسية تصب في عزة الوطن.

ولابد من توافر مجموعة من المقومات الأساسية التي تساعد علـى تحقيـق صـفات المواطنـة وأبرزها:

– الاعتدال والتوازن في السلوك والعمل دون إفراط.

– إحساس المواطن بالعدالة والمساواة الاجتماعية واحترام حقوق الأقليات وتكافؤ الفرص.

– الجميع متساوون في الحقوق والواجبات.

– حق الجميع في المشاركة السياسية.

- وجود ضمانات دستورية وقانونية تكفل حقوق المواطنين.

٤- مفهوم الوطنية:

تعرف الموسوعة العربية العالمية الوطنية بأنها "تعبير قويم يعني حب الفرد وإخلاصه لوطنه الذي يشمل الانتماء إلى الأرض والناس والعادات والتقاليد والفخر بالتاريخ والتفاني في خدمة الوطن. ويوحي هذا المصطلح بالتوحد مع الأمة".

كما تعرف بأنها "الشعور الجمعي الذي يربط بين أبناء الجماعة ويملأ قلوبهم بحب الوطن والجماعة، والاستعداد لبذل أقصى الجهد في سبيل بنائهما، والاستعداد للموت دفاعاً عنهما".

- مقومات المواطنة:

ليست المواطنة مجرد دعوى يطلقها الإنسان فيكون مواطناً صالحاً ولكنها أمر عظيم ومطلب نفيس دل عليه الشرع المطهر، وأوجبته الأنظمة، واقتضاه العقل الصريح والفطرة السوية السليمة، وحتى تكون المواطنة صالحة حقاً كان لا بد لها من مقومات وأسس تبنى عليها فلا تتحقق من دونها ومن هذه المقومات:

١) المساواة وتكافؤ الفرص:

لا تتحقق المواطنة إلا بتساوي جميع المواطنين والمواطنات في الحقوق والواجبات، وتتاح أمام الجميع نفس الفرص، ويعني ذلك التساوي أمام القانون الذي هو المرجع الوحيد في تحديد تلك الحقوق والواجبات، وإذا كان التساكن والتعايش والشراكة والتعاون من العناصر الأساسية التي يفترض توفرها بين المشتركين في الانتماء لنفس الوطن، فإنها تهتز وتختل في حالة عدم احترام مبدأ المساواة، مما يؤدي إلى تهديد الاستقرار، لأن كل من يشعر بالحيف، أو الحرمان دون حق مما يتاح لغيره، وتنغلق في وجهه أبواب الإنصاف، يصبح متمردا على قيم المواطنة، ويكون بمثابة قنبلة موقوتة قابلة للانفجار بشكل من الأشكال.

والــوطن الــذي تتعدد أصول مواطنيــه العرقيــة، وعقائــدهم الدينيــة، وانتماءاتهم الثقافيــة والسياسية، لا يمكن ضمان وحدته واستقراره إلا على أساس مبدأ المواطنة الذي يرتكز على منظومــة قانونية وسياسية واجتماعية وأخلاقية متكاملة، والمساواة كمقــوم رئيسي للمواطنة، تعني أنه لا مجال للتمييز بين المواطنين على أساس الجنس، أو اللون، أو الأصل العرقي، أو المعتقــد الديني، أو القناعات الفكرية، أو الانتماء والنشاط الــسياسي والنقابي والجمعوي، واختلاف الفئات وصفاتها وانتماءاتها لا يجعل أيا منها أكثر حظا من غيرها في الحصول على المكاسب والامتيازات، كما لا يكون سببا في انتقاص الحقوق، أو مبررا للإقصاء والتهميش، وحسن تدبير الاختلاف والتعدد لا يتم إلا في إطار المواطنة التي تــضمن حقوق الجميــع، وتتيح لكل المواطنين والمواطنات القيــام بواجباتهم وتحمل المسؤوليات في وطنهم على أسـس متكافئة، وإرساء مبدأ المواطنة في منظومــة الــروابط والعلاقات التي تجمع بين أبناء الوطن الواحد وبينهم وبين مؤسسات الدولة، لا يمكن أن يقوم على إلغاء الصفات والانتماءات والمعتقدات وغيرهـا مـن خصوصيات بعض الفئات، وإنما يقوم على احترامها، وإتاحة أمامها فرص المشاركة في إغناء الوطن وتنمية رصيده الثقافي والحضاري.

ولحماية مبدأ المساواة بين جميع المــواطنين والمواطنات داخل المجتمع الــذي تتناقض فيه المصالح والأغراض، فإنه لابد من وجود ضمانات قانونية وقضاء مستقل وعادل يتم اللجوء إليه من طرف كل من تعرضت حقوقه للمس أو الانتهاك من لدن الآخرين سواء كانوا أشخاصا طبيعيــين أو اعتباريين.

٢) المشاركة في الحياة العامة:

ولا يكفــي ضــمان المــساواة والتكــافؤ في القــوانين المــسطرة، والأنظمــة المتبعــة، وفي الممارسة، لــكي يتجلى مبدأ المواطنــة، وإنمــا لابد كــذلك مــن المشاركة الفعلية

٢٠

للمواطنين والمواطنات في الحياة العامة، الأمر الذي يتطلب توفر استعدادات حقيقية لدى كل المشتركين في الانتماء للوطن، وهذه الاستعدادات لا تتوفر إلا في حدود ضيقة في ظروف قمع الحريات، ومصادرة الفكر المتحرر من التبعية والخنوع، وفي ظل الأنظمة التي تناهض العمل السياسي الذي يحمل رؤية انتقادية، أو موقف معارض للحكام وللسياسات المتبعة؛ ففي مثل هذه الظروف التي تعرفها المجتمعات المتخلفة عموما، ومنها البلاد العربية والإسلامية، يلاحظ انزواء كثير من الكفاءات، وبروز الفردانية، والابتعاد عن المشاركة في الحياة العامة، والنفور من العمل السياسي، وغير ذلك من الظواهر المناقضة للمواطنة، فالأنظمة القمعية، ولو اختفت وراء ديموقراطيات شكلية، مسؤولة عن تقليص فرص المشاركة، ومدمرة لقيم المواطنة؛ ولا يتأتى نمو استعداد المواطنين والمواطنات للمشاركة في الحياة العامة إلا في ظل حرية الفكر والتعبير، وحرية الانتماء والنشاط السياسي والنقابي والجمعوي، وفي إطار الديموقراطية التي يكون فيها الشعب هو صاحب السيادة ومصدرا لجميع السلطات.

والمشاركة في الحياة العامة تعني أن إمكانية ولوج جميع المجالات السياسية والاقتصادية والاجتماعية والثقافية متاحة أمام الجميع دون أي ميز، بدءا من استفادة الأطفال من الحق في التعليم والتكوين والتربية على المواطنة وحقوق الإنسان، واستفادة عموم المواطنات والمواطنين من الخدمات العامة، ومرورا بحرية المبادرة الاقتصادية، وحرية الإبداع الفكري والفني، وحرية النشاط الثقافي والاجتماعي، وانتهاء بحق المشاركة في تدبير الشأن العام بشكل مباشر كتولي المناصب العامة وولوج مواقع القرار، أو بكيفية غير مباشرة كالانخراط بحرية في الأحزاب السياسية، وإبداء الرأي حول السياسات المتبعة، والمشاركة في انتخاب أعضاء المؤسسات التمثيلية على المستوى المحلي والوطني والمهني.

٣) الولاء للوطن:

ويعني الولاء للوطن أن الرابطة التي تجمع المواطن بوطنه تسمو عن العلاقات القبلية والعشائرية والحزبية، ولا خضوع فيها إلا لسيادة القانون، وأن هذه الرابطة لا تنحصر في مجرد الشعور بالانتماء وما يطبع ذلك من عواطف، وإنما تتجلى إلى جانب الارتباط الوجداني، في إدراك واعتقاد المواطن بأن هناك التزامات وواجبات نحو الوطن لا تتحقق المواطنة دون التقيد الطوعي بها.

ولا تتبلور في الواقع صفة المواطن كفرد له حقوق وعليه واجبات، بمجرد توفر ترسانة من القوانين والمؤسسات، التي تتيح للمواطن التمتع بحقوقه والدفاع عنها في مواجهة أي انتهاك، واستردادها إذا سلبت منه، وإنما كذلك بتشبع هذا المواطن بقيم المواطنة وثقافة القانون، التي تعني أن الاحتكام إلى مقتضياته هو الوسيلة الوحيدة للتمتع بالحقوق وحمايتها من الخرق، وبالتالي لا مجال لاستعمال العلاقات الخاصة مع ذوي النفوذ، أو الاحتماء بمركز الفرد في القبيلة أو العشيرة، وهي ظواهر ما زالت حاضرة في الكثير من العقليات والسلوكيات داخل مجتمعنا المغربي والمجتمعات المتخلفة عموما.

ويعني الولاء للوطن شعور كل مواطن بأنه معني بخدمة الوطن، والعمل على تنميته والرفع من شأنه، وحماية مقوماته الدينية واللغوية والثقافية والحضارية، والشعور بالمسؤولية عن المشاركة في تحقيق النفع العام، والالتزام باحترام حقوق وحريات الآخرين، واحترام القوانين التي تنظم علاقات المواطنين فيما بينهم، وعلاقاتهم بمؤسسات الدولة والمجتمع، والمساهمة في حماية جمالية ونظافة المدينة أو القرية التي يقيم بها، وحماية البيئة فيها، والمشاركة في النفقات الجماعية، والانخراط في الدفاع عن القضايا الوطنية، والتضامن مع باقي المواطنين والهيئات والمؤسسات الوطنية في مواجهة الطوارئ والأخطار التي قد تهدد الوطن في أي وقت،

والاستعداد للتضحية من أجل حماية استقلال الوطن، والذود عن حياضه، وضمان وحدته الترابية، والارتكاز في ذلك على مبدأ عام يُفترض أن يربط بين مختلف فئات المواطنين وهو اعتبار المصالح العليا للوطن فوق كل اعتبار، وأسمى من كل المصالح الذاتية الخاصة والأغراض الفئوية الضيقة.

والولاء للوطن لا ينحصر في المواطنين المقيمين داخل حدود التراب الوطني، وإنما يبقى في وجدان وضمير وسلوك المواطنين الذين تضطرهم الظروف للإقامة في الخارج، لأن مغادرة الوطن لأي سبب من الأسباب، لا تعني التحلل من الالتزامات والمسؤوليات التي تفرضها المواطنة، وتبقى لصيقة بالمواطن تجاه وطنه الأصلي حتى ولو اكتسب الجنسية في دولة أخرى.

- التربية على المواطنة:

إذا كان التعلق العاطفي بالوطن يوجد لدى الإنسان بالفطرة، فإن الوعي بمقومات المواطنة، وما يتبعه من إحساس بالمسؤولية، والتزام بالواجبات نحو الوطن، يكتسب بالتعليم والتأهيل، عن طريق الأسرة، والمدرسة، ووسائل الإعلام، والثقافة، والمجتمع، وإذا كانت كل هذه القنوات تتكامل أدوارها في إشباع الأجيال بقيم المواطنة، فإن النتائج لابد وأن تكون ملموسة في تسريع وتيرة ارتقاء المجتمع وتحضره.

وفي ضوء أحكام الاتفاقية الدولية لحقوق الطفل المعتمدة سنة ١٩٨٩، فإن الطفل الذي يجب أن يلج المدرسة، وأن يحظى بتنشئة اجتماعية في ظروف جيدة، لا يمكن النظر إليه كمجرد تلميذ ينبغي إعداده لكي يكون مواطنا في المستقبل، فهو مواطن في الأصل، وتربيته على المواطنة تعني تحضيره للمشاركة الفاعلة في خدمة وطنه، وتزويده بالمعارف والمهارات والقيم التي تؤهله لتحمل المسؤوليات في المجالات السياسية والاجتماعية والاقتصادية والبيئية، وتُعده للمساهمة الإيجابية في تطوير المجتمع نحو الأفضل.

وهناك اهتمام متزايد في الدول الديموقراطية في غرب أوربا كفرنسا بموضوع التربية على المواطنة (٨) وتأسست لجان للتنسيق على مستوى الاتحاد الأوربي في هذا المجال، سبق أن أعدت برنامج عمل مشترك للتربية على المواطنة الديموقراطية (E.C.D.) يهم الفترة (٢٠٠١- ٢٠٠٤) وتم التحضير لجعل سنة ٢٠٠٥ سنة أوربية للمواطنة بالتربية.

ويحدد المكتب الدولي للتربية (B.I.E.)، أربعة أبعاد للتربية على المواطنة وهي:

* حقوق الإنسان: كونية حقوق الإنسان، والمساواة في الكرامة، والانتماء إلى المجتمع.
* الديموقراطية: إعداد الفرد للحياة السياسية والمدنية.
* التنمية: إكساب اليافعين والشباب الكفاءات والمؤهلات الضرورية لمواكبة التغييرات الاجتماعية والاقتصادية والتكنولوجية لمحيطهم، ومقومات التنمية المستدامة.
* السلام: كنتيجة وسيرورة المواطنة المستمدة من حقوق الإنسان، والهادفة للتنمية المستدامة.

ومن أبرز أسباب ومظاهر التخلف في معظم بلدان العالم الثالث، النقص في التربية على المواطنة، وما يترتب عن ذلك من ضعف الإحساس بالمسؤوليات والالتزامات تجاه الوطن؛ وإذا كان من الممكن تبرير اقتران هذه الظاهرة السلبية بأشخاص لم يلجوا المدرسة، أو انقطعوا عنها في مستويات متدنية، فإنه من الغريب أن تقترن بأشخاص يُفترض أنهم من النخبة، بالنظر لمستوياتهم التعليمية، ومواقعهم المهنية والاجتماعية، والتزام الأفراد بمقومات المواطنة يرتبط بالسلوك الحضاري الذي قد يتحلى به أحيانا مواطن عادي ولو لم ينل حظه الكافي من التعليم، وقد لا يتحلى به شخص حاصل على شهادات عليا ومتحمل لإحدى المسؤوليات في الدولة.

ومن المؤسف أن نرى أشخاصا يرددون كلمة المواطنة كشعار، ولا يترجمون في سلوكهم اليومي ما تفرضه المواطنة الحقيقية من واجبات والتزامات، كمن تسيطر عليهم الأنانية الذاتية فيعيشون لأنفسهم فقط، ويعتبرون أن الوطن يجب أن يوفر لهم ما يحتاجون إليه من خدمات عامة متنوعة دون أن يساهموا بأي عمل لصالح هذا الوطن، أو الذين يتهربون من أداء الضرائب، أو يتعمدون الغش في نشاطهم المهني، أو يستغلون مواقع النفوذ للارتشاء وممارسة المحسوبية والزبونية، وتشجيع الوصولية، أو ينهبون المال العام، أو يستغلون الممتلكات العمومية لمصلحتهم الخاصة، أو يهربون الأموال إلى خارج البلاد، والذين يهمشون اللغة أو اللغات الوطنية، ويعملون على إحلال لغة أجنبية محلها، فلا يستعملونها للتعرف على الثقافات الأجنبية، وللتحاور مع الأجانب، وإنما يستعملونها في حياتهم اليومية، ويتحدثون بها داخل محيطهم الاجتماعي، ومع أبنائهم، وما يتبع ذلك من استلاب وتنكر للقيم وللثقافة الوطنية.

وعندما لا تتوفر وحدة المدرسة، ولا يتلقى أبناء الوطن الواحد نفس التعليم، فيتوجه أبناء بعض الأسر الميسورة إلى البعثات الأجنبية، بدافع البحث عن الجودة في التعليم، ويتوجه الآخرون إلى التعليم الوطني الرسمي أو الخاص، فإن الآثار المترتبة عن ذلك لا تنحصر في هدم مبدأ تكافؤ الفرص بين المواطنين، وإنما ينتج عن ذلك أيضا التناقض في السلوك، والتضارب في القيم، لأن التعليم الأجنبي فضلا عن تلقينه باللغة الأجنبية، فهو يغرس في التلميذ قيما ومفاهيم وسلوكيات ترتكز على المرجعية الثقافية للمدرسة الأجنبية التي تلقى تعليمه فيها، ويصبح بعيدا ـ ولو لم يرغب في ذلك ـ عن لغته وثقافته الأصليتين، وتحصل فجوة بينه وبين باقي المواطنين.

ولذلك فإن التربية على المواطنة، فضلا عما تتطلبه من توجيه سليم، وقدوة صالحة، داخل الأسرة والمجتمع، تتوقف على وحدة المدرسة، التي ترتكز على مبدأ

أساسي وهو أن التربية والتعليم حق لكل طفل، وتضمن تكافؤ الفرص والمساواة بين جميع أبناء الوطن الواحد، سواء كانوا من أسر ميسورة أو فقيرة، أو كانوا من سكان الحواضر أو البوادي، وتتوحد في تلقين نفس المناهج التي ترتبط بالمحيط الاقتصادي والاجتماعي والثقافي، ولا تقتصر على إعطاء التلاميذ مجموعة من المهارات والمعلومات، وإنما تشبعهم بالإضافة إلى ذلك، بقيم المواطنة والديموقراطية وحقوق الإنسان، وتنمي لديهم الإحساس بالمسؤولية، وحب العمل الجماعي، وقبول الاختلاف، والتعايش مع الآخر، وتغذيهم بقيم التسامح، ونبذ العنف والإقصاء، والاعتدال وعدم التطرف، وأخذ المعرفة على أساس النسبية، وتعود التلاميذ على المناقشة والتحليل، واستعمال الفكر، والاحتكام إلى العقل في الاستنتاج، والتمرس بالتعبير عن الرأي، في إطار الحوار المنتج، وتحفزهم على الابتكار والمبادرة الشخصية، وتؤهلهم لولوج عالم المعرفة من أوسع أبوابها، والانفتاح على القيم الإنسانية الكونية.

ولا يمكن تحقيق كل ذلك عن طريق مادة دراسية ضمن برامج التعليم، وإنما يتم ذلك عبر مناهج وطرق التلقين في مختلف المواد، ومن خلال أسلوب تعامل المعلمين والأساتذة والمؤطرين مع التلاميذ، وبمشاركة هؤلاء في اختيار نظام تسيير القسم الدراسي، وتسيير المؤسسة التعليمية بصفة عامة، وذلك بواسطة ممثلين يختارونهم بطريقة ديموقراطية؛ وعندما تتوفر المدرسة بكل الشروط والمواصفات المذكورة، يمكن أن نطلق عليها: (المدرسة المواطنة).

- أبعاد المواطنة:

إن أهمية هذه الأبعاد ومكانتها المركزية في مراعاة مبدأ المواطنة ليست بسبب أفضليتها على الحقوق الأخرى وإنما يتعدى سبب اكتسابها لتلك الأولوية أهميتها الذاتية إلى حقيقة كونها السبيل الناجع والضمانة الأكيدة لتنمية إمكانيات النضال

السياسي السلمي لاستخلاص الحقوق الاقتصادية والاجتماعية والبيئية التي يمكن تحقيقها من خلال تنمية وتفعيل مؤسسات المجتمع المدني وهنا تنتقل المواطنة من كونها مجرد توافق أو ترتيب سياسي تعكسه نصوص قانونية لتصبح المساواة بين المواطنين في الحقوق والواجبات قيمة اجتماعية وأخلاقية وممارسة سلوكية يعبر أداؤها من قبل المواطنين عن نضج ثقافي ورقي حضاري وإدراك سياسي ايجابي بّناء، لذا فإن مفهوم المواطنة له أبعاد متعددة، تختلف تبعا للزاوية التي يتم تناوله منها، و من هذه الأبعاد ما يلي:

١- **البعد المعرفي/ الثقافي:** حيث تمثل المعرفة عنصرا جوهريا في نوعية المواطن الذي تسعى إليه مؤسسات المجتمع، ولا يعني ذلك بأن الأمي ليس مواطنا يتحمل مسؤولياته ويدين بالولاء للوطن، وإنما المعرفة وسيلة تتوفر للمواطن لبناء مهاراته وكفاءاته التي يحتاجها. كما أن التربية الوطنية تنطلق من ثقافة الناس مع الأخذ في الاعتبار الخصوصيات الثقافية للمجتمع، ولا يمكن معرفة المواطنة دون الإلمام المعرفي بماهية المواطنة ومستلزماتها وشروطها ومقوماتها، فالمواطنة غدت موضوعا في حقول معرفية متعددة؛ لابد من معرفتها معرفة دقيقة للتمكن منها. ولنشرها كفكر إنساني وثقافة عامة، شارك المجتمع الإنساني في بلورتها وترسيخها وعلمنتها، فالمعرفة شرط جوهري في الإمساك بأساسيات المواطنة وترويجها وتسويقها في المجتمع، وفي حث الناس على تبنيها، وفي الدفاع عنها ومطالبة الدولة بتحقيقها في الواقع المعيشي للمواطنين.

٢- **البعد القانوني:** حيث تتمثل بالتسلح بمعرفة الحقوق والواجبات والاطلاع على القوانين المرعية بالدولة سواء ما يتعلق بواجبك اتجاه الدولة أو الحق الذي تعطيك إياه الدولة، حيث لا يمكن ممارسة المواطنة دون تشريع للحقوق والواجبات، ودون تقنين لماهيتها التشريعية، فمجرد النطق بالمصطلح يتبادر إلى

الذهن الإنساني مجموع الحقوق والالتزامات التي على الفرد والدولة مع تحديد العلاقة بينهما، فالبعد القانوني يفيد معرفة المواطن ما له من حقوق وما عليه من واجبات، ومعرفة حدود هذه الحقوق والواجبات وطرق الحصول عليها أو أدائها، ومن هنا فإن الحداثة تنظر إلى المواطنة بوصفها انتماءً فكرياً وقانونياً للدولة، كما تحتاج ممارسة المواطن بشتى صورها إلى وعي المواطن القانوني لان المساواة في الحقوق والواجبات تحتاج إلى إلمام بالحقوق المكفولة للمواطن.

٣- **البعد المهاراتي:** ويقصد به المهارات الفكرية، مثل: التفكير الناقد، والتحليل، وحل المشكلات... وغيرها، حيث أن المواطن الذي يتمتع بهكذا مهارات يستطيع تمييز الأمور ويكون أكثر عقلانية ومنطقية فيما يقول ويفعل، ويتمكن من نقد التشريعات وطرح البدائل، الشيء الذي يدفع إلى تطويرها وتحسينها لصالح المواطن والمجتمع والدولة. ويطور الحياة العامة.

٤- **البعد الاجتماعي:** ويقصد بها الكفاءة الاجتماعية في التعايش مع الآخرين والعمل معهم ، وهي قيمة اجتماعية وإنسانية وأخلاقية وسلوكية تنتظم في تفاعل دائم عبر ممارسات واقعية في حياة الناس والمؤسسات، فهي ليست مجرد حقوق وواجبات، وإنما هي كذلك ثقافة مجتمعية وآليات ضبط العلاقات يتوجب اكتسابها والتمرس في أدائها، لتحقيق التعايش والتنوعات المجتمعية والاجتماعية المختلفة تحت سقف الحقوق والواجبات والتضامن والتكافل والتعاون في الوطن الواحد مع الحصول على الخدمات العامة في مساواة وعدل وإنصاف دون تمييز، والمشاركة في هذه الخدمات على قدم التساوي، بمعنى حق كل مواطن في الحصول على فرص متساوية لتطوير جودة الحياة التي يعيشها، وهذا يتطلب توفير الخدمات العامة للمواطنين، وبخاصة الفقراء والمهمشين، وإيجاد شبكة أمان اجتماعي لحماية الفئات المستضعفة في المجتمع.

٥- **البعد التربوي (الانتمائي):** أو البعد الوطني ويقصد به غرس انتماء المواطن لثقافاته ولمجتمعه ولوطنه، حيث أن بنية المواطنة تدل على تربويتها، بمعنى أنها تربوية في عمقها وطبيعتها، حيث تتشكل من خلال التربية؛ لذا وجدنا تربية المواطنة كفرع من علوم التربية تعنى بتربية النشء على مبادئ وقيم المواطنة من تعميق الحس والشعور بالواجب تجاه المجتمع، وتنمية الشعور بالانتماء للوطن والاعتزاز به، وغرس حب النظام والاتجاهات الوطنية، والأخوة والتفاهم والتعاون بين المواطنين واحترام النظم والتعليمات، وتعريف الناشئة بمؤسسات بلدهم، ومنظماته الحضرية، فالمواطنة في ذاتها التزاما بالحقوق والواجبات في إطار الوعي بأهمية ذلك الالتزام في حياة الفرد والجماعة والدولة، كما أنه لا مواطنة بدون أخلاق وقيم ومبادئ، فإذا لم تكن الأخلاق والقيم والمبادئ هي الأساس وهي المنطلق فلا جدوى فيما يسمى بتخليق الحياة العامة، ولذلك نقول أنه من شروط المواطنة الحرص على الترابط بين الأخلاق والقانون وهذا الترابط هو الذي يشكل القاعدة الصلبة للمواطنة.

٦- **البعد الديني:** أو القيمي، مثل: العدالة والمساواة والتسامح والحرية والشورى، والديمقراطية.

٧- **البعد المكاني:** وهو الإطار المادي والإنساني الذي يعيش فيه المواطن، أي البيئة المحلية التي يتعلم فيها ويتعامل مع أفرادها، ولا يتحقق ذلك إلا من خلال المعارف والمواعظ في غرفة الصف، بل لابد من المشاركة التي تحصل في البيئة المحلية والتطوع في العمل البيئي.

- عناصر المواطنة:

وللمواطنة عناصر ومكونات أساسية ينبغي أن تكتمل حتى تتحقق المواطنة وهذه المكونات هي:

١ - الانتماء:

إن من لوازم المواطنة الانتماء للوطن "فالانتماء في اللغة يعني الزيادة ويقال انتمى فلان إلى فلان إذا ارتفع إليه في النسب، وفي الاصطلاح هو الانتساب الحقيقي للدين والوطن فكراً تجسده الجوارح عملاً"، والانتماء هو شعور داخلي يجعل المواطن يعمل بحماس وإخلاص للارتقاء بوطنه وللدفاع عنه، ومن مقتضيات الانتماء أن يفتخر الفرد بالوطن والدفاع عنه والحرص على سلامته. فالمواطن الأردني مثلا منتم لأسرته ولوطنه ولدينه وتعدد هذه الانتماءات لا يعني تعارضها بل هي منسجمة مع بعضها ويعزز بعضها البعض الآخر.

٢ - الحقوق:

إن مفهوم المواطنة يتضمن حقوقاً يتمتع بها جميع المواطنين وهي في نفس الوقت واجبات على الدولة والمجتمع منها:

- أن يحفظ له الدين وحقوقه الخاصة.

- توفير التعليم وتقديم الرعاية الصحية.

- تقديم الخدمات الأساسية و توفير الحياة الكريمة والعدل والمساواة.

- الحرية الشخصية وتشمل حرية التملك، وحرية العمل، وحرية الاعتقاد، وحرية الرأي.

هذه الحقوق يجب أن يتمتع بها جميع المواطنين بدون استثناء سواء أكانوا مسلمين أم أهل كتاب أم غيرهم في حدود التعاليم الإسلامية فمثلاً حفظ الدين يوجب عدم إكراه المواطنين من غير المسلمين على الإسلام قال تعالى: "...لا إكراه في الدين" (البقرة: ٢٥٦)، وكذلك الحرية فهي مكفولة لكل مواطن بغض النظر عن دينه أو عرقه أو لونه، بشرط ألا تتعدى إلى حريات الآخرين أو الإساءة إلى الدين الإسلامي.

٣ - الواجبات:

تختلف الدول عن بعضها البعض في الواجبات المترتبة على المواطن باختلاف الفلسفة التي تقوم عليها الدولة، فبعض الدول ترى أن المشاركة السياسية في الانتخابات واجب وطني، والبعض الآخر لا يرى المشاركة السياسية كواجب وطني، ومن بعض واجبات المواطن احترام النظام والدفاع عن الوطن وعدم خيانته والحفاظ على ممتلكاته والمساهمة في تنميته والتكاتف مع أفراد المجتمع، وهذه الواجبات ينبغي أن يقوم بها كل مواطن حسب قدرته وإمكانياته وعليه الالتزام بها وتأديتها على أكمل وجه وبإخلاص.

٤ - المشاركة المجتمعية:

إن من أبرز سمات المواطنة أن يكون المواطن مشاركاً في الأعمال المجتمعية، والتي من أبرزها الأعمال التطوعية فكل إسهام يخدم الوطن ويترتب عليه مصالح دينية أو دنيوية كالتصدي للشبهات وتقوية أواصر المجتمع،وتقديم النصيحة للمواطنين وللمسؤولين يجسد المعنى الحقيقي للمواطنة.

٥ - القيم العامة:

وتعني أن يتخلق المواطن بالأخلاق السامية كالأمانة والإخلاص والصدق والصبر والتناصح والتعاضد.

إن المواطنة لم تأخذ صورة واحدة لدى كل المواطنين، فليس بالضرورة أن توجد تلك المشاعر والأحاسيس لدى كل فرد في المجتمع، أو أن تكون بدرجة واحدة، بل قد تزيد تلك المشاعر أو تنقص أو تغيب بالكلية وفقا للعديد من العوامل والظروف المتعلقة بالمواطن والوطن، وبناءً على ذلك فقد فرق بين أربع صور أو أشكال للمواطنة هي:

- **المواطنة المطلقة:** وفيها يجمع المواطن بين دوره الايجابي والسلبي تجاه المجتمع وفق الظروف التي يعيش فيها ووفق دوره فيه.

- **المواطنة الايجابية:** وهي التي يشعر فيها الفرد بقوة انتمائه الوطني وواجبه المتمثل في القيام بدور ايجابي لمواجهة السلبيات.

- **المواطنة السلبية:** وهي شعور الفرد بانتمائه للوطن ولكن يتوقف عند حدود النقد السلبي ولا يقدم على أي عمل ايجابي لإعلاء شأن وطنه.

- أهمية تربية المواطنة وأهدافها:

تعتبر المواطنة فكرة اجتماعية والقانونية وسياسية ساهمت في تطور المجتمع الإنساني بشكل كبير بجانب الرقي بالدولة إلى المساواة والعدل والإنصاف، وإلى الديمقراطية والشفافية، وإلى الشراكة وضمان الحقوق والواجبات، وتأتي أهمية تربية المواطنة من حيث أنها عملية متواصلة لتعميق الحس والشعور بالواجب تجاه المجتمع، وتنمية الشعور بالانتماء للوطن والاعتزاز به، وغرس حب النظام والاتجاهات الوطنية، والأخوة والتفاهم والتعاون بين المواطنين، واحترام النظم والتعليمات، وتعريف الناشئة بمؤسسات بلدهم، ومنظماته الحضارية، وأنها لم تأتِ مصادفة بل ثمرة عمل دؤوب وكفاح مرير، ولذا من واجبهم احترامها ومراعاتها. كما أن أهداف تربية المواطنة لا تتحقق بمجرد تسطيرها وإدراجها في الوثائق الرسمية، بل إن تحقيق الأهداف يتطلب ترجمتها إلى إجراءات عملية وتضمينها المناهج والكتب الدراسية.

إن تفعيل حق المواطنة في المجتمع هو الآلية الناجعة للحد من الفتن و الصراعات الطائفية و العرقية و الجنسوية على قاعدة المساواة و عدم التمييز، فالمواطنة كمبدأ ومرجعية دستورية وسياسية، لا تلغي عملية التدافع والتنافس في الفضاء الاجتماعي، تضبطها بضوابط الوطن ووحدته القائمة على احترام التنوع

وليس على نفيه، والساعية بوسائل قانونية وسلمية للإفادة من هذا التنوع في تمتين قاعدة الوحدة الوطنية. بحيث يشعر الجميع بأن مستقبلهم مرهون بها، وأنها لا تشكل نفيا لخصوصياتهم، وإنما مجال للتعبير عنها بوسائل منسجمة تعترف بالاختلاف وآفاق العصر ومكتسبات الحضارة، ولا يكتمل مفهوم المواطنة على الصعيد الواقعي، إلا بنشوء دولة الإنسان. تلك الدولة المدنية التي تمارس الحياد الايجابي تجاه قناعات ومعتقدات وأيدلوجيات مواطنيها؛ بمعنى أن لا تمارس الإقصاء والتهميش والتمييز تجاه مواطن بسبب معتقداته أو أصوله القومية أو العرقية، كما أنها لا تمنح الحظوة لمواطن بفضل معتقداته أو أصوله القومية أو العرقية، فهي مؤسسة جامعة لكل المواطنين، وهي تمثل في المحصلة الأخيرة مجموع إرادات المواطنين.

وتتمثل أهمية تربية المواطنة في أنها:

- تدعّم وجود الدولة الحديثة، والدستور الوطني.

- تنمّي القيم الديمقراطية، والمعارف المدنية.

- تسهم في الحفاظ على استقرار المجتمع.

- تنمّي مهارات اتخاذ القرار والحوار واحترام الحقوق والواجبات لدى الطلاب.

ويمكن القول بأن هدف تعليم المواطنة كما يراه ناريان هو تقديم برنامج يساعد التلاميذ على:

- أن يكونوا مواطنين مطلعين وعميقي التفكير يتحلون بالمسؤولية، ومدركين لحقوقهم وواجباتهم.

- تطوير مهارات الاستقصاء والاتصال.

- تعمل على رفع الخلافات والاختلافات الواقعة بين مكونات المجتمع والدولة في سياق التدافع الحضاري، وتذهب إلى تدبيرها في إطار الحوار بما يسمح من

تقوية لحمة المجتمع وتعلق المواطن بوطنه ودولتـه، وتدفعـه إلى تطـوير مجتمعـه عامـة ووطنه خاصة والدفاع عنه.

- تطوير مهارات المشاركة والقيام بأنشطة ايجابية ومسؤولية.
- العضوية في منظمات وهيئات المجتمع المدني، مـما يعنـي أن المـواطن يـساهم في البنـاء الدستوري والسياسي والمدني للدولة.
- تعزيز نموهم الروحي، والأخلاقي، والثقافي، وان يكونوا أكثر ثقة بأنفسهم.
- تشجعهم على لعب دور ايجابي في مدرستهم وفي مجتمعهم وفي العالم.

إن المواطنة الفاعلة تتجسد عند المواطن الذي يملك مهارات التفكـير الناقـد، وخاصـة في عـصر العولمة الذي تعددت فيه مصادر المعلومات، وكثر فيها السياسيون، ومروجو الـدعايات، والإشـاعات، والمصادر الكاذبة، وتحول العالم إلى قرية صغيرة، لذلك أصبح من الضروري الحكم على مصداقية مـا تبثه وسائل الإعلام، على اختلاف أنواعها حتى ننقذ أنفسنا من تجار الكـلام، الـذين يعتمـدون عـلى الخطب، وإثارة المشاعر، والعواطف أكثر مـن اعـتمادهم عـلى الأدلـة والبراهـين العلميـة، مـن هنـا جاءت أهمية ربط استخدام الخيال التاريخي وربطة بالتفكير الناقد؛ وهذا يؤهـل المـتعلم للتقـصي والبحث، بعقلية متفتحة، ومرنـة، فيـصبح متقـبلاً لـلآراء الأخـرى، موضـوعياً متجـرداً عـن ذاتيـة في البحث، ومواظباً في استخلاص النتـائج،وغير متـسرع في إصـدار الأحكـام، ونظـماً لعملياتـه العقليـة، ومركزاً على القضايا الرئيسية أولا، ثم القضايا الأخرى، فيواجه الحضارات والثقافات الأخرى ويتفاعل معها بعقلية متفتحة، وينتقي قيمها بعينٍ ناقدةٍ بعيداً عن التحيز والتعصب.

-أهم مواضيع التربية الوطنية:

تعتـبر مواضـيع المواطنـة أكـثر ارتباطـاً بمـنهج الدراسـات الاجتماعيـة مـن تربيـة وطنيـة وتـاريخ وجغرافيـا، ولكـن مـع أهميـة المواطنـة الـصالحة كـان لابـد مـن تخـصيص

مقرر مستقل لها يكون له وقته المخصص في برنامج الدراسة في مختلف المراحل التعليمية، وذلك بهدف تطوير معرفة الطلاب وتشكيل مفاهيمهم وقناعاتهم واتجاهاتهم الوطنية.

وكمثال لذلك، يذكر مجلس التربية الوطنية (**Center For Civic Education, 1998**) المعايير الوطنية لكتب ومناهج علم التربية المدنية في الولايات المتحدة الأمريكية والتي تركز على العديد من الأسس منها جانبين، هما:

١- **المعرفة الوطنية:** وتهتم بما يجب أن يعرفه المواطنون عن بلدهم، وهي تركز على خمسة أسئلة هي:

- ما الحياة المدنية، والسياسية، والحكومة؟
- ما أسس النظام السياسي ؟
- كيف تعمل الحكومة الدستورية، لتجسيد الأعراض، والقيم، والمبادئ الديمقراطية؟
- ما علاقة الدولة بالأمم الأخرى، وبالقضايا العالمية؟
- ما ادوار المواطنين في تحقيق الديمقراطية ؟

ويندرج تحت الإجابة على كل سؤال العديد من العناصر التي يمكن أن تشكل أسس ومواضيع لمقررات التربية الوطنية؛ وتلك المعايير وان كانت معدة للتربية الوطنية في الولايات المتحدة الأمريكية؛ إلا أن أي بلد بإمكانه الإفادة منها في بناء مقررات التربية الوطنية، بعد استبعاد ما لا يلاءم المجتمع الذي تعد له تلك المقررات.

٢- **المهارات المدنية:** لكي يمارس المواطنون حقوقهم ويؤدوا مسؤولياتهم كمواطنين صالحين، لن تكون المعرفة كافية لهم؛ بل لابد من إكسابهم مهارات المشاركة الوطنية وهي:

- القدرة على فهم معنى الأشياء الوطنية الملموسة (العلم الوطني، أحداث مدنية وسياسية).

- القدرة على تمييز اللغة والرموز الوطنية ذات الأهمية الخصوصية للمواطنين.

- القدرة على فهم القضايا السياسية ومعرفة تاريخها وصلتها بالحاضر.

- القدرة على التمييز بين الحقيقة والرأي.

- تطوير مهارات صنع القرارات وما تقتضيه من مناقشة بعض القضايا مع الآخرين.

-مجالات تربية المواطنة:

يـرى كينيـدي ومكلاهـن، أن مجـال تربيـة المواطنـة تـم التعبير عنـه بمجموعـة كبيـرة مـن المصطلحات في عدد من المواد يوضحها الشكل التالي:

مصطلحات التربية للمواطنة Citizenship Education Concept						
مهارات الحياة Life skills	دراسات المجتمع Studies of Society	المجتمع Society	دراسات العالم World studies	العلوم الاجتماعية Social sciences	دراسة الحكومة Civics	المواطنة Citizenship

ويوضح الشكل التالي المواد الحاضنة لتربية المواطنة:

المواطنة في المناهج الدراسية curriculum subjects and Citizenship	
History	التاريخ
Geography	الجغرافيا
Low	القانون
Economics	الاقتصاد
Politics	السياسة
Environmental studies	الدراسات البيئية
Religious studies	الدراسات الدينية
Languages	اللغات
education Values	تربية القيم

يلاحظ من خلال الشكلين السابقين أن تربية المواطنة تتم من خـلال العلـوم الإنـسانية بـصفة عامة والعلوم الاجتماعية بصفة خاصة، وتعد مادة الدراسات الاجتماعية الأكثر بروزاً مـن بـين بقيـة المواد الدراسية.

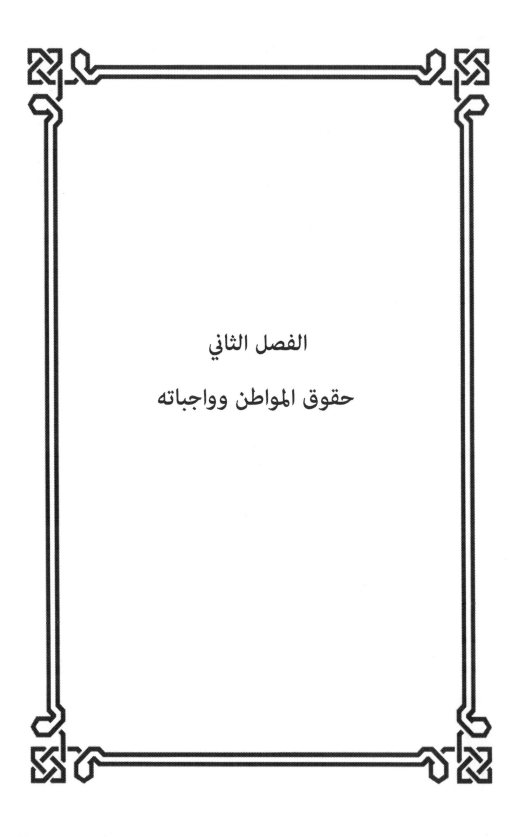

الفصل الثاني

حقوق المواطن وواجباته

الفصل الثاني

حقوق المواطن وواجباته

- مقدمـة:

إن المواطن يتمتع بحقوق مختلفة وتوجب عليه واجبات تجاه دولته، بمعنى أنها تحفـظ عـلى الدولة حقوقها تجاه المواطنين. وتؤدي إلى الرفع من الثقة لدى المـواطن والدولة في تجاه أحـدهما للآخر، بما يحقق لحمة النسيج الاجتماعي للمجتمع، ويؤدي إلى شراكة في تنمية المجتمع مـن خـلال المواطن والدولة في نفس الوقت؛ ذلك (متانة النسيج الـوطني تتطلـب التسليم بمفهوم المواطنة، مفهوم تتحقق فيه المساواة بين البشر، وينال فيـه الفـرد موقعـه الاجتماعـي ووظيفتـه عـن طريـق كفاءته وقدراته ونزاهته. فالواقع يؤكد أن ثمة علاقة في المـضمون بـين مفهـومي المـواطن والمواطنـة والشكل أدناه يوضح محاور المواطنة التي تشكل العلاقة التفاعلية

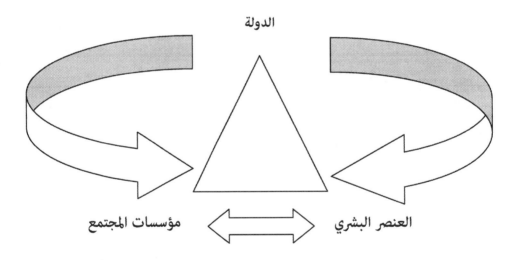

الدولة

مؤسسات المجتمع   العنصر البشري

يعتبر العنصر البشري؛ وهو العنصر الأساس في هذه البنية، فمهما كانت المواطنة موجودة، فبدون العنصر البشري تصبح طبيعة جافة لا قيمة لها في الواقع ولا في الوجود، فالمؤسسات الرسمية للمواطنة مترجمة في الفرد والدولة وأجهزتها المتنوعة والعلاقة بينهما، بما يعني أن الفرد منطق المواطنة ومنتهاها عبر آليتها المعتادة، وهي الدولة التي يجب بحكم الاستلزام والضرورة القانونية أن تكون مواطنة في ذاتها قبل غيرها.

المؤسسات المدنية؛ وهنا نوسع المجال المدني ليشمل فضلا عن منظمات وجمعيات وهيئات المجتمع المدني الأحزاب السياسية والنقابات، المؤسسات المنتخبة المحلية والجهوية والوطنية، والتشريعات والقوانين المؤسسة والمنظمة للمواطنة، المجتمع كظاهرة إنسانية تستحضر حقوق الإنسان المنطلق للوجود الاجتماعي للفرد البشري.

والدولة الحاضن التي تعطي للمجتمع بعده القانوني والسياسي، بكل الوسائل المادية والتجهيزات الموظفة لصالح المؤسسات الرسمية وغير الرسمية للدولة والمجتمع والفرد من أجل خدمة المواطنة.

حيث إننا لا يمكن أن تتحقق المواطنة، بدون مواطن يشعر شعورا حقيقيا بحقوقه وواجباته في وطنه. فلا مواطنة بدون مواطن، ولا مواطن إلا بمشاركة حقيقية في شؤون الوطن على مختلف مستوياته، تضمن المساواة والعدل والإنصاف بين المواطنين أمام القانون وخدمات المؤسسات، وأمام الوظيفة العمومية والمناصب في الدولة، وأمام المشاركة في المسؤوليات على قدم ومساواة، وأمام توزيع الثروات العامة، وكذلك أمام الواجبات من دفع الضرائب والخدمة العسكرية والمحافظة على الوطن والدفاع عنه، فالمواطنة هي الحق الفردي لكل أبناء الوطن في تقرير مصير

الوطن، والتمتع بكل خيراته، تعترف بالتنوع والتعدد العقدي والعرقي واللغوي والأيديولوجي والسياسي والثقافي والطائفي والاقتصادي والاجتماعي، وتعمل على صون هذا التنوع والتعدد واحترامه مع توفير قنوات وممرات للمشاركة والتعاون والتكامل من أجل إغناء وإثراء المضامين والمفردات المدنية والحضارية للمواطن والوطن معا، وبذلك تجل الدولة تقع في نفس المسافة بين مكونات المجتمع في إطار من الحياد واحترام الجميع وتفعيلهم. فالمواطنة هي إطار يستوعب الجميع، فهو يحافظ على حقوق الأقلية والأكثرية في نطاق مفهوم المواطنة الجامعة، وهي التعبير الطبيعي عن حالة التنوع والتعدد الموجودة في الوطن، ثقافة تؤكد حاجة كل منا للأخر و أن ثقافة الفرد هي محصلة ثقافة كل أبناء الوطن.

إذاً هناك ركنان أساسيان يتعلقان بمبدأ المواطنة هما: المشاركة في الحكم من جانب، والمساواة بين جميع المواطنين من جانب آخر الذي يعد المحك الأساسي للمواطنة، ولعل القاسم المشترك ـ في وقتنا الحاضر ـ المعبر عن وجود قناعة فكرية وقبول نفسي، والتزام سياسي بمبدأ المواطنة يتمثل في التوافق المجتمعي على عقد اجتماعي (دستور) يتم بمقتضاه تضمين مبدأ المواطنة والوطنية باعتبارها مصدر الحقوق ومناط الواجبات بالنسبة لكل من يحمل جنسية الدولة دون تمييز عرقي أو طائفي أو ديني.

ليست المواطنة مجرد حقوق وواجبات مدونة، ومؤسسات وبنيات مادية فحسب وإنما تفاعل مستمر بين مكوناتها بما فيها العنصر البشري الذي يعد الحجر الأساس فيها؛ كونه هو المنطلق والمستهدف والوسيلة. فالعنصر البشري إليه تعود المواطنة من حيث هو موضوع الحقوق وموضوع لواجبات وموضوع تحريك المؤسسات والنظم لاستيفاء تلك الحقوق وأداء تلك الواجبات.

-حقوق المواطنة:

للمواطن حقوق مختلفة تتمثل في المجال المدني والمجال السياسي والمجال الاقتصادي والاجتماعي والثقافي والفكري وغيرها، ويعتمد في حقوق المواطنة على امتياحها من حقوق الإنسان. لهذا هناك من يرى حقوق الإنسان هي حقوق المواطنة وهناك من يميز بينهما؛ وعليه انطلاقا من كون الدول تترجم في قوانينها حقوق الإنسان وتحاول تطبيقها، يمكن القول أن حقوق الإنسان هي حقوق مواطنة بينما حقوق المواطنة ليست حقوق إنسان عامة لأنها تتعلق بإنسان بعينه وهو الذي يحمل جنسية البلد المتواجد فيه. والمواطنة يترتب عليها ثلاثة أنواع رئيسية من حقوق وحريات التي يجب أن يتمتع بها جميع المواطنين في الدولة دونما تميز من أي نوع ولا سيما التميز بسبب العنصر أو اللون أو اللغة أو أي وضع آخر وهذه الحقوق كما يلي:

١- **الحقوق المدنية والسياسية(وتسمى الجيل الأول من الحقوق):** وهي مرتبطة بالحريات وتشمل الحقوق التالية: الحق في الحياة والحرية والأمن؛ وعدم التعرض للتعذيب والتحرر من العبودية؛ والمشاركة السياسية وحرية الرأي والتعبير والتفكير والضمير وحرية الاشتراك في الجمعيات، وحق كل مواطن في الأمان على شخصه وعدم اعتقاله أو توقيفه تعسفياً، وحق كل مواطن في الملكية الخاصة، وحقه في حرية التنقل وحرية اختيار مكان إقامته داخل حدود الدولة ومغادرتها والعودة إليها وحق كل مواطن في المساواة أمام القانون، وحقه في أن يعترف له بالشخصية القانونية وعدم التدخل في خصوصية المواطن أو في شؤون أسرته أو بيته أو مراسلاته ولا لأي حملات غير قانونية تمس شرفه أو سمعته وحق كل مواطن في حماية القانون له، وحقه في حرية الفكر، والوجدان والدين واعتناق الآراء وحرية التعبير وفق النظام والقانون وحق كل طفل في اكتساب جنسيته.

٢- **(الجيل الثاني من الحقوق):** وهـي مرتبطـة بـالأمن وتـشمل العمـل والتعليـم والمـستوى اللائـق للمعيشة والمأكل والمأوى والرعاية الصحية، وتتمثل الحقوق الاقتصادية أساسا بحق كل مواطن في العمل والحق في العمل في ظروف منصفة والحرية النقابية مـن حيـث النقابـات والانـضمام إليها والحق في الإضراب، وتتمثل الحقوق الاجتماعية بحـق كـل مـواطن بحـد أدنى مـن الرفـاه الاجتماعي والاقتصادي وتوفير الحماية الاجتماعية والحق في الرعاية الصحية والحـق في الغـذاء الكافي والحق في التامين الاجتماعي والحق في المـسكن والحـق في المـساعدة والحـق في التنميـة والحق في بيئة نظيفة والحق في الخدمات كافية لكل مواطن ،وتتمثل الحقوق الـسياسية بحـق الانتخابات في السلطة التشريعية والسلطات المحليـة والبلـديات والترشـيح، وحـق كـل مـواطن بالعضوية في الأحزاب وتنظيم حركات وجمعيات ومحاولة التأثير عـلى القـرار الـسياسي وشـكل اتخاذه من خلال الحصول على المعلومات ضمن القانون والحـق في تقلـد الوظـائف العامـة في الدولة والحق في التجمع السلمي وتتمثل الحقوق الثقافية بحق كل مواطن بـالتعليم والثقافـة). وهي نفس الحقوق التي أوردها الأستاذ علي وتوت في قوله: (تتمثل أهـم حقـوق المواطنـة فضلاً عن المساواة القانونية بمجموعة الحقوق الآتية:

١) الحق في السلامة الجسدية: للمواطنين الحق في احترام سلامتهم الجسدية وعدم المساس بها أو تعريضها للتعذيب.

٢) الحق في العمل: للمواطنين حق العمل في أي مهنـة أو مكـان حـسب اختيـارهم الشخـصي الحر وتقوم الدولة وفق نظام الـضمان الاجتماعـي بإعـالتهم في حالـة البطالـة أو العـوق البدني أو العقلي.

٣) الحق في السكن: لكل مواطن الحـق في الـسكن أيـنما يـشاءون داخـل الـوطن ولهـم حـق الحصول على السكن الشعبي المناسب من الدولة في حالة عجزهم عن توفيره.

٤) حق التعليم: للأفراد المواطنين حق الحصول على التعليم لكل المستويات وحق تأسيس المدارس والكليات الخاصة ويحق لهم الحصول على التعليم الابتدائي بأي لغة وطنية رسمية مقرة في وحدتهم الإدارية، إضافة لحق تعلم أي لغة من هذه اللغات في المدارس حيثما كان ذلك ممكناً.

٥) الحق في دعم ورعاية الدولة: للمواطنين الحق في الحصول على دعم الدولة للقيام بعمل مكرس لخدمة المنطقة التي يسكنون فيها، كتطوير الثقافة والفنون والعلوم والرياضة البدنية، أو القيام ببرنامج لرعاية وحفظ البيئة، أو حفظ المواقع والشواهد الدينية والأثرية والتاريخية وصيانتها وتطويرها. كما أن من حق المواطن على الدولة أن تقوم بتطوير المواصلات والخدمات العامة، وحماية البيئة وصيانتها وتحسينها وتخضير المدن والعناية بنظافتها، وحماية ورعاية حقوق الأجيال القادمة والمحافظة عليها.

٦) الحق في الخدمات الصحية: للمواطنين الحق في الرعاية الطبية والتأمين الصحي المجاني والحصول على العلاج الطبي المتخصص على حساب الدولة مع حق تلبية حاجة الريف إلى الخدمات الصحية المجانية بنفس مستوى المدينة.

٧) حق اللجوء إلى القضاء: للفرد المواطن حق اللجوء إلى القضاء للحصول على حقوقه ولا يجوز تقديمه إلى محاكم خاصة. ولكل فرد الحق في محاكمة عادلة وله حق الحصول على المساعدة والحماية القانونية إذا لم يتمكن من تحمل كلفتها. وله حق الوصول إلى أي معلومة في الدولة لممارسة أو حماية أي من حقوقه. كما لا يجوز حرمان أو تجريد المواطن من حياته أو حريته أو ملكيته بدون الإجراءات القانونية المناسبة.

٨) الحق في الملكية: لكل مواطن الحق في شراء وحيازة وتملك وورث وتوريث الممتلكات الخاصة واستخدامها حسب رغبته ولا يحرم من ممتلكاته بدون التعويض المناسب.

٩) الحق في التصرف: للمواطن الحق في القيام بما يشاء أو الامتناع عن ما يشاء حسب اختياره ويكون مسئولا عن أفعاله التي قام بها أو أمتنع عنها باختياره الحر.

١٠) الحق في الخصوصية: للمواطن الحق في العزلة وحماية خصوصيته والحق في أن تكون حرمة وسرّية داره وسكنه ورسائله وبريده واتصالاته مصانة وله الحق في الإطلاع على سجلاته لدى الدولة أو أي مؤسسة في المجتمع تحتفظ بسجلات عنه.

١١) حق اللغة: لكل مواطن الحق في استخدام لغته المحلية والتعلم بها وتعليم أولاده وتكون أي لغة رسمية إلى جانب اللغة الوطنية، إذا قرر ذلك سكان الإقليم الإداري المعني في استفتاء يُجرى في ذلك الإقليم.

١٢) الحق في رفض ذكر القومية أو الدين في الوثائق: للمواطن الحق في الحصول على وثائق سفر أو وثائق شخصية موحدة سارية المفعول لا تحتوي على أي إشارة تفريق أو تمييز. ويمكن أن يذكر في شهادة المواطنة القومية والدين إذا رغب المواطن بذلك وقدم طلباً بذلك.

١٣) الحق في الإدارة الذاتية: للمواطن الحق في انتخاب الإدارة الذاتية والمحلية والبلدية لمحافظته ومنطقته وقضائه وناحيته وغيرها من الوحدات الإدارية في الدولة انتخاباً مباشراً.

١٤) حق الحماية والتعويض: للمواطن الحق في الحصول من الدولة على الحماية اللازمة من الإرهاب والتطرف والكوارث. وله الحق في التعويض من الدولة بقرار من المحكمة المختصة إذا تم التجاوز على أي من حقوقه أعلاه.

١٥) حق الإرث والشهادة والاختيار: للمواطن حق الإرث والشهادة والاختيار في أحكام الأحوال الشخصية بين القانون المدني وأحكام القضاء الشرعي.

١٦) الحقوق الإجرائية: للمواطن الحق في عدم اعتقاله أو استجوابه من قبل أي سلطة بدون أمر قانوني ساري المفعول صادر عن حاكم مختص. ولا تجوز محاسبة الفرد على فعل ما لم يكن مخالفاً لقانون سبق صدوره ذلك الفعل كما لا يجوز إصدار قانون بأثر رجعي إلا بالتعويض المناسب عن الخسائر المترتبة على تطبيقه ولا تجوز محاسبته على فعل مرتين كما لا يجوز أن يعاقب شخص بجريرة شخص آخر.

١٧) حق المتهم أو الموقوف: للمتهم أو الموقوف الحق في محاكمة سريعة وعلنية وأن يعتبر بريئاً حتى تثبت إدانته وأن يبلغ فوراً بسبب اتهامه أو توقيفه وله الحق في استشارة محام أو الحصول على محام من المحكمة المختصة إذا لم يكن قادراً على توفير كلفة ذلك وله حق الاتصال بأهله وطبيبه. ولا يجوز تسليم المتهم إلى أي دولة أجنبية لأي سبب كان. فضلاً عن العديد من الحقوق الأخرى.

٣ - الحقوق البيئية والثقافية والتنموية (وتسمى الجيل الثالث من الحقوق): وتشمل حق العيش في بيئة نظيفة ومصونة من التدمير والحق في التنمية الثقافية والسياسية والاقتصادية، وقد ظهرت في الوقت الحاضر مجموعة من حقوق الإنسان التي توصف بأنها حقوق حديثة كالحق في بيئة نظيفة، والحق في التنمية، والحق في السلام، والحق في التضامن الإنساني، و... ما إلى ذلك). وفي غياب هذه الحقوق الأساسية فإن أي حديث حول المواطنة لا معنى له ولا قيمة. العدالة والمساواة والكرامة ليست مجرد شعارات في الفراغ ولكنها تتمثل في مجموعه حقوق أساسيه باتت مثل الماء والهواء في المجتمعات المتقدمة وهى:

- الحق في الأمن الاقتصادي والاجتماعي والنفسي.
- الحق في العدالة والمثول أمام القاضي الطبيعي وسيادة القانون دون أي تخصيص أو استثناء.
- الحق في التعليم الأساسي دون أي اعتبار للمستوى الاجتماعي أو المادي، والحق في الوصول إلى التعليم الجامعي العالي بغض النظر عن أي شيء إلا القدرة التعليمية والذهنية.
- الحق في الرعاية الصحية الكاملة من خلال تأمين صحي عام وخاص تحت إشراف ورقابه الدولة من خلال نظام جودة ينص عليه القانون سواء كانت علاجية أو وقائية.
- الحق في الحصول على دخل كافي لحياة كريمة بحسب الخبرة والكفاءة والدرجة العلمية.
- الحق في الاعتقاد وبناء دور العبادة وأداء العبادات الدينية علنا، فحرية الاعتقاد هي حق إنساني أصيل وأي حرمان من هذا الحق هو عدوان وبغى.
- الحق في اختيار الحكام وتغييرهم سلميا ودوريا واختيار النواب في مجلس رقابي وتشريعي يراقب السلطة التنفيذية ويسقطها إذا فشلت في أداء واجباتها.
- الحق في تولى الوظائف العامة وفق معيار الكفاءة أو اختيار الشعب كل هذه الحقوق مكتملة غير منقوصة تتحقق بها المواطنة، وهذه الحقوق الأساسية للمواطنة تحتاج بالأساس إلى إرادة شعبيه قويه تفرض على الحاكم ما تراه من صميم حقوقها.

-الحقوق في الدستور الأردني:

في عام ١٩٥٢ صدر الدستور الأردني في عهد جلالة المغفور له بإذن الله الملك طلال بن عبدا لله وما يزال جاري المفعول حتى يومنا هذا؛ وان المبادئ التي كرسها ما زالت متماشية مع روح العصر وتشكل المصدر الأول في التشريع في الأردن.

ولقد تناول الدستور الأردني قضايا الحقوق في فصل خاص تحت عنوان" حقوق الأردنيين وواجباتهم" وشملت المواد (٦ - ٢٣) ولذا جاء الدستور الأردني شاملاً ومتوازنا وعادلاً، فقد قرر إن المواطنين أمام القانون سواء، وهم متساوون في الحقوق والواجبات العامة لا تمييز بينهم بسبب الجنس أو اللغة أو الدين أو العقيدة، ومن الحقوق المواطن الحريات التي نص عليها الدستور ما يلي:

أ. الحقوق والحريات الشخصية:

١. حق الأمن: يعد من أهم الحقوق الأساسية، إذ لا يجوز أن يحبس شخص أو يعاقب إلا وفق أحكام القانون. (المادة ٨)

٢. حق التنقل: يستطيع الإنسان الأردني أن يعيش في أي مكان يريده في المملكة، فلا يلزم بالإقامة في جهة معينة، ويستطيع أن يغير مكان أقامته كما يشاء، (المادة ٩).

٣. حق المسكن: يكون الإنسان الأردني حراً في اختيار مسكنه والتصرف فيه وتغييره، ولا يجوز اقتحام المساكن إلا بإذن من أصحابها.(المادة ١٠)

٤. حق سرية المراسلات: أي لا يجوز الكشف عما تتضمنه المراسلات بين الأفراد، كما لا يجوز التصنت على المحادثات الهاتفية ولأشرطة السمعية ذات الاستعمال الشخصي.(المادة ١٨)

ب. الحريات السياسية والدينية:

١. الحريات الدينية: يستطيع الأفراد التعبير عن معتقداتهم الدينية وفقاً للعادات المرعية في المملكة، ما لم تكن مخلة بالنظام العام أو منافية للآداب. (المادة ١٤)

٢. حرية الرأي: لكل أردني الحق في أن يعبر عن رأيه بحرية تامة بالقول أو الكتابة والتصوير وسائر وسائل التعبير بشرط إن يتجاوز حدود القانون.(مادة ١٥)

٣. حرية الاجتماع: للأردنيين الحق في عقد الاجتماعات للتعبير عن أرائهم بالمناقشة أو تبادل الرأي أو الدفاع عن رأي معين وإقناع الآخرين بالعمل بشرط أن يكون هدف الاجتماع التعليم والمنفعة العامة. (المادة ١٦)

٤. حرية تكوين الجمعيات والأحزاب السياسية بحيث يكون لكل مجموعة لها أهداف واضحة، اجتماعية أو ثقافية أو سياسية أو دينية وتأليف جمعية أو هيئة أو نقابة. (المادة١٢)

٥. حرية تقديم العرائض والشكاوي: يحق للأردنيين أن يتقدموا بأي اعتراض أو ملاحظات مكتوبة إلى السلطات العامة عن قضية معينة ويشترط أن تكون الشكوى باسم حقيقي وتوقيع حقيقي. (المادة ٢١)

ج. الحقوق الاجتماعية والثقافية

١. حق العمل: للمواطن الأردني الحرية في مزاولة العمل الذي يريده دون إجباره على مزاولة عمل معين لا يتناسب مع خبرة العامل وكفاءته إلا في الحالات الطارئة، كما يجوز للأردنيين تولي المنصب والتعين في الوظائف العامة.(المادة ١٣،٢٣،٢٢)

٢. حق الملكية: فالمواطن الأردني حرّ في أملاكه لا تقاسمه الدولة فيها، ولا يجوز مصادرتها، الاعتداء عليها، وإذا امتلكت الدولة ملك شخص معين للمنفعة العامة فيكون ذلك مقابل تعويض عادل. (المادة ١١، ١٢)

٣. حق الرعاية الصحية والاجتماعية: قامت الدولة بفتح المستشفيات وتوفير العلاج المجاني، كما أولت عنايتها بالمرأة الحامل بفتح المراكز الطبية للولادة. ورعاية المتخلفون عقلياً، وإنشاء المعاهد الخاصة بهم، كما إن تتجه الدولة إلى التامين الشامل.

٤. حق التعليم: التعليم في الأردن مجاني وإلزامي في المرحلة الأساسية، فالكتب المدرسية توزع على طلبة المدارس الأساسية مجاناً، وعلى طلبة المدارس بسعر التكلفة.(المادة ١٩،٢٠) (العواملة، ١٩٩٤، ص٧٨ -ص١٨٦) (خليفات، ١٩٩٨ ،ص٢٠- ص٢٥)

وأن الأردن ملتزم بالحكم الديمقراطي واحترام الحريات العامة وحقوق الإنسان والتعددية الحزبية وفق الضمانات التالية:

- لدستور الأردني، الأخذ بنظام فصل السلطات، خضوع الإدارة للقانون، تدرج القواعد القانونية.
- استقلال القضاء بمقتضى نص المادة (٩٧) من الدستور.
- وجود صحافة حرة مضمونة للأطياف السياسية كافة، وحرية التعبير مكفولة.
- وجود أحزاب سياسية مرخصة وفق الأحزاب لسنة ١٩٩٢.
- مشاركة المرأة في الحياة السياسية كناخبة ومرشحة بموجب التعديلات التي طرأت على الدستور مثل قانون البلديات
- قيام الأردن بإلغاء كافة القوانين والتشريعات التي تتعارض مع الديمقراطية وحقوق الإنسان وإصدار قوانيين منها (قانون الأحزاب، قانون مطبوعات، الميثاق الوطني، قانون العمل الأردني، قانون أصول المحاكمات، مصادقة على ١٦ اتفاقية في حقوق الإنسان)

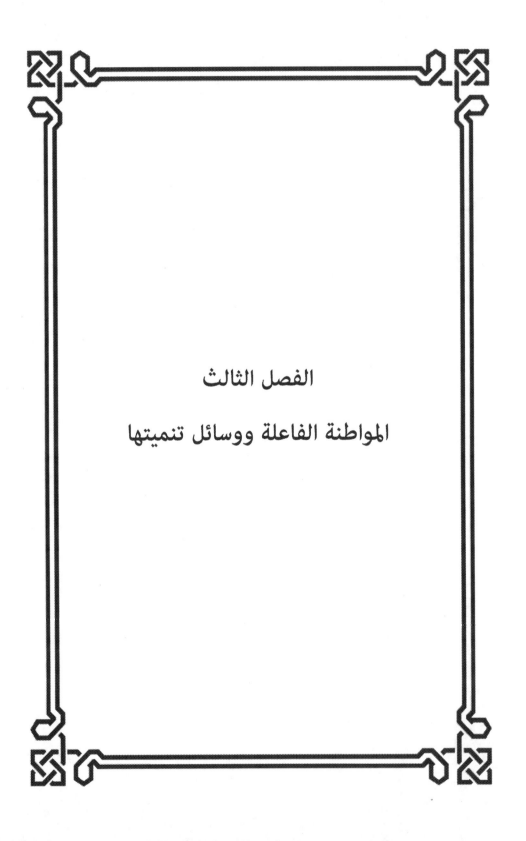

الفصل الثالث

المواطنة الفاعلة ووسائل تنميتها

الفصل الثالث

المواطنة الفاعلة وسائل تنميتها

- مقدمـة:

تقوم المواطنة على معرفة أنفسنا وما يجري حولنا وتفاعلنا مع معطيات عصرنا، والعمل وفق قدراتنا واستعداداتنا، والمواطنة الحقة تعطي الدارسين المعرفة، والمهارة، وفهم الأدوار الاجتماعية الرئيسية والفرعية في المجتمع على المستويات المحلية، والوطنية، والقومية، والإنسانية، وتؤهل النشء للمسؤولية الوطنية، وتعرفهم بحقوقهم وواجباتهم الأخلاقية والسلوكية وتجعل منهم مواطنين أكثر اعتماد على أنفسهم وتؤهلهم للقيام بالأدوار اللازمة من أجل وسمهم بهويتهم الوطنية التي ترسم ملامح مواطنتهم التي تحقق انتماءهم الوطني(ناصر،٢٠٠٢).

وقد أشار نافع (٢٠٠١) انه من اجل تجسيد المواطنة في الواقع لابد من المشاركة الفاعلة في اتخاذ القرارات التي تؤثر في حياة الأفراد وفي عملية اتخاذ قراراتهم السياسية، ومن هذا المنطلق تبرز أهمية المواطنة الفاعلة.

ينبغي المواطنة الفاعلة أن تكون صالحة وليست طالحة تسعى إلى البناء دون محاولة الهدم، تبني جذور الثقة لا الشك، تعمل على تحقيق التواصل والتلاقي دون بث بذور الفرقة والانقسام، يكتسبها المتعلم خلال سنوات دراسته، تنمو خلال فترات عمره، وهذا يعني أنها تتغير من مرحلة إلى أخرى في ضوء تطور آليات الفرد الذهنية وعلى أساس الخبرات الدراسية والحياتية التي يمر بها سواء أكان ذلك على مستوى مجتمعه الصغير أو الكبير وتعددت التعريفات للمواطنة الفاعلة ونذكر منها:

- يعرف نيلسن (Nelson,2006) المواطنة الفاعلة بأنها المشاركة الاجتماعية والاقتصادية والسياسية الايجابية، وممارسة الحياة المجتمعية مع مراعاة مبادئ التسامح واللاعنف ومعرفة الأدوار والمسؤوليات واحترام القوانين وحقوق الآخرين.

- أضاف (Eunydice,2006) أن المواطنة الفاعلة علاقة تشاركية يبنيها الفرد مع مجتمعه ووطنه، وما تتضمنه هذه العلاقة من واجبات وحقوق متبادلة، كما أنها تتسم بالحرية التي تصاحبها المسؤوليات الاجتماعية والاقتصادية والسياسية.

- يعرفها اوسلر(Osler,2005) بأنها المشاركة الطوعية الايجابية في جميع جوانب حياة المجتمع من خلال مؤسساته المدنية بغية العمل على الارتقاء بالمجتمع وتطويره.

- ويعرفها (Weerd &emmeke,2005) بأنها المشاركة السياسية والمشاركة في الحياة العامة.

ويلاحظ من التعريفات السابقة لمفهوم المواطنة الفاعلة ما يلي :-

- تشابهت التعريفات فيما بينها من حيث المشاركة، حيث ركز التعريف الأول على المشاركة الاجتماعية والاقتصادية والسياسية الايجابية، وركز التعريف الثاني على المشاركة بشكل عام والعمل والبناء، وركز المفهوم الثالث على المشاركة الطوعية الايجابية، والمفهوم الرابع القائم على المشاركة السياسية، وهذا إن دل على شيء فإنما يدل على أن جوهر المواطنة الفاعلة قائم على مبدأ المشاركة والقدرة على البناء والعطاء في جميع التصرفات.

- ركزت التعاريف السابقة على الوطن والمجتمع أي أنها ترعى مصالح الأوطان وليس الأفراد فقط.

- يعرف الباحثان المواطنة الفاعلة بأنها القدرة على جعل المشاركة أسلوب حياة.

-مكونات المواطنة الفاعلة:

تتضمن المواطنة الفاعلة المشاركة في الحياة، بحيث يكون المواطنين فاعلين مـشاركين يتـصرفون بمسؤولية تجاه مجتمعهم، ولا تشمل المواطنة الفاعلة حقوق وواجبات مدرجـة بالقـانون، بـل أنهـا تذهب إلى ابعد من ذلك أي تحديد معايير السلوك الأخلاقية والاجتماعية التي يتوقعها كل مجتمـع من مواطنيه، ونوعية السلوك المرغوب في كل مواطن.

وقد أشارت كيندي إلى مكونات المواطنة الفاعلة وهي كالآتي:

١- المواطنة التقليدية ويقصد بذلك الانخراط والمشاركة في النشاطات السياسية التقليدية مثل:

- التصويت.

- الانضمام إلى حزب سياسي.

٢- مواطنة الحركة السياسية ويقصد بذلك الانخراط والمشاركة في النشاطات المجتمعيـة التطوعيـة مثل:

- العمل مع وكالات الرعاية المجتمعية.

- جمع الأموال لأهداف نبيلة.

٣- مواطنة التغير الاجتماعي ويقصد بذلك الانخراط في النشاطات التي تسعى إلى تغير التوجهـات الاجتماعية والسياسية ككتابة رسالة إلى صحيفة، وجمع التواقيع حول موضوع ما.

٤- المواطنة الاقتصادية ويقصد بذلك الانخراط والمشاركة في نشاطات التنظيم الذاتي:

- تحول المرء إلى متعلم موجه ذاتيا.

- أن يصبح المرء باحثا إبداعيا عن حلول المشكلات.

– أن يصبح المرء مستقل ماليا.

خصائص المواطن الفاعل.

تسعى اغلب المجتمعات بكل وسائلها المختلفة إلى إعداد المواطنين الفاعلين الذين تقع عليهم مسؤولية المشاركة الفاعلة للنهوض بالوطن والسير به في ركاب الدول المتقدمة، ويرى روسوما (Rosoma,2004) أن المواطن الفاعل هو فرد من أفراد المجتمع يشارك بفعالية في بناء المجتمع عبر ممارسة حقوقه وواجباته ضمن القوانين التي يعترف بها المجتمع.

ووضح برنت(Print,2001) أن المواطن الفاعل هو المواطن الذي يمارس الفعل المجتمعي الايجابي سياسيا واقتصاديا واجتماعيا دون الاعتماد السلبي على الآخرين.

ويذكر اوسد(Oced,2004) أن المواطن الفعال هو كل مواطن يعمل على تنمية الإحساس الوطني المجتمعي ويسعى لبناء المجتمع وإتباع قوانينه ويتحمل مسؤولياته ويمارس حقوقه بعدالة.

وأما عن خصائص المواطن الفاعل فقد وضعت كيندي(Kennedy,2006) قائمة بتلك الخصائص وهي:-

– اعتناق قيم الولاء والانتماء الوطني.

– المشاركة الإيجابية في نشاطات المجتمع التقليدية مثل الانتخابات أو الانضمام للأحزاب أو الترشيح.

– المشاركة بفاعلية في النشاطات المجتمعية الطوعية مثل العمل في الجمعيات أو جمع التبرعات أو المشاركة في حملات النظافة.

– المشاركة الايجابية في التغيير الاجتماعي مثل كتابة المقالات لتغيير مفاهيم خطأ أو تنظيم المرور.

– توجيه التعلم لخدمة أهداف المجتمع وحل مشكلاته.

- اعتناق قيم المجتمع الايجابية.

- الافتخار بالهوية الوطنية والمحافظة عليها.

- خدمة الوطن عسكريا واقتصاديا.

- ممارسة الحقوق والواجبات.

واوردت ويرد (Weerd,2010) إلى ضرورة وجود خمس صفات ينبغي على المواطنين الفاعلين أن يتصفوا بها، وهذه الصفات هي:

- المشاركة الطوعية في المنظمات والجمعيات الوطنية.

- تنظيم النشاطات المجتمعية.

- المشاركة في الانتخابات بالترشيح والتصويت.

- المشاركة في الأحزاب السياسية.

- المشاركة في الحوارات الوطنية.

وذكر وت (Watt,2010) قائمة تضمنت خصائص المواطن الفاعل، ومن هذه الخصائص:-

- طاعة القوانين واحترام الأنظمة.

- احترام السلطة القائمة (السياسات، الأنظمة، التعليمات، التشريعات).

- المساهمة الايجابية في بناء المجتمع اجتماعيا وسياسيا واقتصاديا.

- احترام الجنسيات الأخرى التي تعيش في الوطن.

- المدافعة عن حقوقه وحقوق الآخرين.

- تقديم مصالح المجتمع على مصالحه الشخصية.

وبين (Weerd&Gemmeke,2005) أن هناك سبعة مؤشرات للمواطنة الفاعلة وهي كالآتي:-

١- العمل التطوعي في المنظمات والشبكات.

٢- تنظيم النشاطات للمجتمع.

٣- التصويت في الانتخابات.

٤- المشاركة في الأحزاب السياسية.

٥- المشاركة في المجموعات ذات الاهتمامات المختلفة.

٦- المشاركة في النقاش الحكومي.

٧- المشاركة في أشكال الاحتجاج السلمي.

ويتضح من تعريف المواطنة الفاعلة ومكوناتها أن المواطنة الفاعلة تقوم على الانخراط والمشاركة الايجابية في المجتمع المدني وامتلاك مهارات التنمية والتغيير للمجتمع والوعي بالحقوق والواجبات والمسؤوليات، وان العنصر الرئيسي والمعيار للحكم على المواطن انه فاعل من خلال مبدأ المشاركة، فهو الفاصل بين المواطن الصالح والفاعل، فالمواطن الصالح يعرف حقوقه ويعيها وينقد ولكن الفاعل لا يكتفي بالنقد ولا يقف عنده بل يحاول التغيير دائماً ويقدم الحلول والبدائل لما ينقده، قادر على المشاركة الفاعلة الهادفة.

وانطلاقا مما سبق نخلص إلى مجموعة من خصائص المواطن الفاعل وهي:-

- المشاركة الإيجابية في نشاطات المجتمع التقليدية والطوعية.

- المشاركة الإيجابية في التغيير الاجتماعي.

- المشاركة الطوعية في المنظمات والجمعيات الوطنية.

- تنظيم النشاطات المجتمعية.

- المشاركة في الانتخابات بالترشيح والتصويت.

- المشاركة في الأحزاب السياسية.

- المشاركة في الحوارات الوطنية.

- التصويت في الانتخابات.

– المشاركة في الأحزاب السياسية

– المشاركة في أشكال الاحتجاج السلمي.

– تقديم مصالح المجتمع على مصالحه الشخصية.

-تربية المواطنة الفاعلة في المدرسة ومناهج التربية الوطنية:

تعد المدرسة من أهم وسائل ترسيخ التربية الوطنية وأكثرها تأثيرا، ولا يقتصر دور المدرسة على تنمية الاتجاهات الايجابية والقناعات الوطنية عند الطلاب فحسب، بل يتعدى ذلك إلى تزويد الفرد بالمعارف والمفاهيم الثقافية والسياسية والاقتصادية والاجتماعية المرتبطة بالتنظيمات والمؤسسات الوطنية في المجتمع (العناقرة،٢٠٠٨) وان مشاعر الانتماء تنمو عند الفرد عند دخوله المدرسة من خلال تكوين جماعة الأصدقاء والإقبال على الأنشطة المدرسية والتفاعل مع جماعة الرفاق.

وتعمل المدرسة على تنمية المواطن الفاعل من خلال التنشئة السياسية المبكرة للطفل كونها تمثل الخبرة المباشرة البعيدة عن تأثيرات الأسرة والمجتمع، ويبرز دور المدرسة في تنمية المواطنة الفاعلة من خلال الجوانب التالية:

– غرس القيم والاتجاهات المجتمعية والسياسية المناسبة داخل الطفل.

– تدريب الطلبة على احترام القوانين والأنظمة من خلال التنظيمات الإدارية المدرسية.

– تدريب الطلبة على المشاركة والانخراط الايجابي في المجتمع من خلال النشاطات الاجتماعية المدرسية.

– بث القيم المجتمعية في نفوس الطلبة.

وتبرز أهمية تربية المواطنة الفاعلة في المناهج كونها توفر عنصرا أساسيا في عملية التواصل الاجتماعي من خلال مساعدة الطلبة على فهم مجتمعهم، والمساهمة في تنمية

المجتمع مستقبلا كمواطنين فاعلين يتحملون مسؤولياتهم ويمارسون حقوقهم ووظائفهم ضمن المنظومة الاجتماعية الايجابية.

وتربية المواطن تربية تحتاج إلى الوعي الذي يتمثل بادراك الإنسان لذاته، أي معرفة نفسه، وإدراكه لما يحيط به من موجودات ادراكا عمليا ممارسا، وعند ادراك الإنسان لنفسه ولما يدور حوله يتعرف على السلوك الافضل ليصبح مواطنا صالحا عارفا فاهما ومتفهما للانظمة التي يتعامل معها، وهنا تتكون مواطنته وولاءه وانتماءه واعتزازه بالوطن الذي فوق تربته يعيش ومن ارضه يحيا، ومن هوائه يتنفس، وتحت سمائه يستظل بأمان وطمأنينه.

ويرى المجلس الوطني للدراسات الاجتماعية(**Ncss,1994**) إن من أهم أهداف الدراسات الاجتماعية تنمية المواطنة لدى الطلاب وإكسابهم المفاهيم ذات الطابع الاجتماعي والسياسي والاقتصادي في إطار عملي يمكنهم من المشاركة الفاعلة في الصف والمدرسة والمجتمع والعالم.

وقد بين (**Chapin,1999**) إلى أن ربط مادة التربية الوطنية بواقع الطلاب وحياتهم من العناصر المهمة في تطوير المواطنة وتحقيق أهدافها وحتى يتحقق ذلك فلابد من ممارسة الأنشطة والخبرات في مجتمعهم بشكل مباشر، وفي هذا السياق يذكر خضر(٢٠٠٨) أن مادة التربية الوطنية لا تحقق أهدافها دون وضع المتعلمين في مواقف وادوار تجعلهم يفهمون ما يتعلمون وإلا تحولت هذه التربية إلى معلومات مجردة تحفظ ثم تنسى، كما ينبغي أن يعطى المتعلم فرصة رؤية الدولة ومؤسساتها وهي تعمل من خلال سلطاتها الثلاث: التشريعية والقضائية والتنفيذية وينبغي أن يستشعر المتعلم حب الوطن ليس من خلال القصائد والأغاني، وإنما من خلال ما يقدمه الوطن له من صحة وأمن وعدالة وحرية ورأي ومساواة.

وتعد المواطنة جزءا أساسيا من خبرات الطلاب الأولى في المرحلة الأساسية، فالطلاب يتأملون بكل ما يحدث حولهم ويعكسونه على حركتهم ووضعهم المجتمعي، وهنا يبرز دور المدرسة ومناهجها في تدريبهم على فهم كيفية العيش في مجموعات والتفاعل معها وخدمتها وتلقي الخدمات وتهدف مناهج المرحلة الأساسية المتعلقة بالتربية الوطنية على تربية الطلاب على:-

- توجيه الطلاب إلى الجوانب الايجابية في الثقافة المجتمعية.
- تنمية الطلاب روحيا وجسديا ونفسيا لتمكينه من خدمة مجتمعه مستقبلا.
- تنمية مهارات ومعارف الطلاب التي لا يمكن له الحصول عليها خارج المدرسة.

إن على معدي مناهج التربية الوطنية تربية المواطنة الفاعلة من خلال تنمية مهارات المتعلمين ضمن الأبعاد التالية:-

- المشاركة والتعاون مع الآخرين في خدمة المجتمع.
- الانتماء والولاء واحترام القوانين.
- تعزيز الأمن ونبذ الإرهاب.
- تبني قيم الديمقراطية والحوار.
- المشاركة في النشاطات المجتمعية.

إن منهاج التربية الوطنية ينبغي أن ينمي المهارات السياسية للمواطن الفاعل وذلك من خلال اشتماله على:

١ – القيم: وهي القيم الأساسية سياسيا واجتماعيا.

٢- المهارات والكفايات: ومنها مهارات الاستقصاء والاتصال والمشاركة، وتنفيذ نشاطات مجتمعية مسؤولة.

٣- المعرفة والفهم: دور القانون، الديمقراطية البرلمانية والحكومية، الاقتصاد والمجتمع، والبيئة.

٤- الإبداع: زيادة طموح الطلبة ومشاركتهم السياسية وتحقيق مبدأ الـتعلم مـدى الحيـاة، وينبغـي لتعليم المواطنة الفاعلة أن يتغير مع مرور الوقت تبعا للتطورات وأن يتضمن سياسية طويلـة الأمد تهدف إلى تنمية الطالب اجتماعيا وسياسيا، ويعزز مفاهيم الديمقراطية البرلمانية، وذلك من خلال النشاطات اللامنهجية التي تنمى وتعزز كل ما ذكر.

وأضاف هيث(Heath،٢٠١٠) في هذا السياق إن لتربية المواطن الفاعل في المنهاج فوائد جمة تعود عليه بالمنفعة ومن هذه الفوائد :-

١- تمكين المتعلم من فهم حقوقه ومسؤولياته لكي يكون عضوا فاعلا في المجتمع.

٢- توجيه المتعلمين لأساليب إطاعة القانون والتأقلم مع متطلبات المجتمع.

٣- تشجيع الطلبة على احترام الآخرين والاستماع لهم والتجاوب معهم بفاعلية.

٤- تنمية روح الحوار الديمقراطي ومهارات التفكير الناقد عند المتعلمين.

٥- تنمية الحكم الأخلاقي حول ما هو صحيح وغير ذلك، ووضع أسـس الاختيـار والقبـول واتخاذ القرارات.

٦- وضع أسس المهارات السياسية المستقبلية للمتعلمين.

٧- تدريب الطلبة على حب العمل وخدمة المجتمع وتطوير الذات.

٨- ربط المتعلمين مع الأسرة عاطفيا لتحقيق الانتماء منذ الصغر.

وأشار(Weerd & Gemmeke) إلى أن تعليم المواطنة الفاعلة للطلاب مشروط بالقـدرة عـلى استيعاب وتمثل مفهوم المشاركة، ويحتاج الطـلاب إلى اكتـساب المعرفـة والميـول والقيـم والمهـارات، ولابـد للمدرسـة أن تغـرس في نفـوس الطـلاب تجنـب اسـتخدام العنـف والاعـتراف بـدور القـانون والاهتمام بالسياسة، وتنمي المهارات المختلفة كمهارات التفكير الناقد والنقـاش والاسـتماع الناقـد والمهارات الاجتماعية، حتى يكون نتاج ذلك كله مواطنة فاعلة.

وتعتبر المشاركة في الأنشطة التربوية المدرسية ذات فائدة تربوية كبرى بالنسبة لعملية إعداد المواطن الفاعل، إذ تساعد ممارسة هذه الأنشطة التربوية على نمو مهارات معينة لازمة لتشكيل الشخصية الايجابية القادرة على التأثير على المحيط الذي يعيش فيه التلاميذ، فعادة ما تكون الأنشطة التربوية المدرسية أنشطة جماعية تتطلب قيام التلميذ بالتخطيط لها وتبادل الأداء ووجهات النظر بخصوصها مع زملائه وتقييم البدائل المطروحة، وتشجيع الآخرين على المشاركة في أنشطة المدرسة مما يمنحهم شعورا بالاندماج إلى شبكة العلاقات المدرسية ويؤدي هذا الشعور بالاندماج إلى دعم الإحساس بالثقة الاجتماعية وتفهمهم لضرورة المشاركة الايجابية في بناء مجتمعهم الكبير والبعد عن السلبية وضرورة اخذ المبادأة والمبادرة في كافة جونب الحياة.

إن هذه الأنشطة التربوية المدرسية الجماعية ذات الأثر الكبير في تعزيز المهارات السياسية وإيجاد الأفراد الفاعلين، فترتكز البرلمانات الطلابية على مجموعة من المفاهيم السياسية التي تنمي مهارات الطالب السياسية فالطالب حينما يمارس عملية الانتخاب بكافة أجزائها لابد أن تتشكل لديه القيم والمفاهيم والاتجاهات السياسية الايجابية، وتصبح لديه قناعات سياسية يصعب تغييرها، وكذلك الأمر بالنسبة للمواطنة الفاعلة فكثير من المبادئ التي ركز عليها البرلمان الطلابي تعتبر في صلب خصائص المواطن الفاعل كتعميق قيم الولاء والانتماء وتدريب الطلاب على القيادة الاجتماعية والسياسية وتوعية الطلاب بقضايا مجتمعهم ومشاركتهم الفاعلة من اجل الوطن، فكل هذه الأمور وان قام عليها البرلمان فهي كذلك تجسيد للشخصية الفاعلة.

-وسائل تنمية مفاهيم المواطنة الفاعلة

هناك عدة صور يمكن بها تنمية مفهوم المواطنة في المناهج الدراسية، يمكن توضيحها من خلال الشكل التالي(امبوسعيدي، ٢٠٠٤):

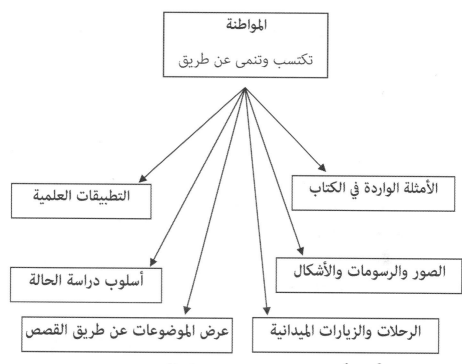

المواطنة

تكتسب وتنمى عن طريق

التطبيقات العلمية

الأمثلة الواردة في الكتاب

أسلوب دراسة الحالة

الصور والرسومات والأشكال

عرض الموضوعات عن طريق القصص

الرحلات والزيارات الميدانية

وفيما يلي عرضاً موجزاً لكل عنصر من العناصر السابقة الذكر:

١- الأمثلة الواردة في الكتاب المدرسي: والتي يفضل أن تكون مرتبطة بالبيئة المحلية للطالب حتى يمكن ربط الطالب بمجتمعه. مثلا عند تناول البيئة العمانية يضرب الأمثلة التالية: (البيئة اليابسة: صحراء الربع الخالي، رملة آل وهيبة، سهل الباطنة،البيئة المائية: فلج دارس، وادي حلفين،عين الكسفة...)

٢- الصور والرسوم والأشكال: وفيها يتم التركيز على مظاهر الحياة في المجتمع العماني، كما هو وارد في الصور المدعمة للوحدة الرابعة-سلطنة عمان- في كتاب الدراسات الاجتماعية للصف الرابع الأساسي.

٣- أسلوب دراسة الحالة: وفيه يتم ربط الطالب بقضايا مجتمعه، وفيه يتم تناول قضايا ومشكلات يتم مناقشتها من مختلف الجوانب، كما هو الحال على سبيل المثال في وحدة المياه في سلطنة عمان للصف الرابع الأساسي.

٤- التطبيقات العلمية: وهنا يتم التركيز على التطبيقات العلمية التي تتطلب التركيز فيها على المفاهيم والظواهر العلمية من البيئة، مثل: ظاهرة تملح التربة في منطقة الباطنة.

٥- مدخل القصص: وهو من الأساليب التي تجذب انتباه الطلاب وخاصة فيما يتعلق بالمواطنة، حيث يتم تناول شخصية عمانية ودورها في المجتمع العماني، كما هو الحال في الدراسات الاجتماعية واللغة العربية والتربية الإسلامية.

٦- الرحلات والزيارات الميدانية: من الأساليب الهامة في غرس قيمة الوطنية، ويتم ذلك من خلال القيام برحلات الاستكشاف أو الرحلات للمواقع التراثية والأثرية.

-مقترح بالكفايات التربوية المتعلقة بالتربية الوطنية والتي يمكن تضمينها في المناهج الدراسية:

تشكل موضوعات التربية الوطنية قاسماً مشتركاً رئيساً بين جميع مناهج المواد الدراسية المتعددة، وعاملاً مهماً في إيجاد الترابط والتكامل فيما بينها، ويمكن من خلال الكفايات التربوية تضمين القيم والمبادئ والاتجاهات المتعلقة بالمواطنة في المناهج الدراسية المختلفة، ولا بد من تضمين المناهج الدراسية للقيم مع المهارات (Values) ومن أهمها القيم التي من شأنها بث روح الإخلاص والولاء لهذا الوطن والحرص على أمنه. ويجب ألا يكون "غرس المواطنة الصالحة" يقتصر فقط على منهج يدرس خاضع لموضوعات وأسابيع وأسئلة واختبارات بحيث يتحول إلى منهج تقليدي يكون فيه هم المعلم الأول الانتهاء من المنهج دون التركيز على الهدف

العلمي من هذه المادة. إن غرس الوطنية في نفوس الطلبة يجب أن يتم بشكل تلقائي من خلال تضمين المنهج موضوعات من شأنها تعزيز هذه المشاعر، وعلى سبيل المثال لا الحصر ما يلي:

م	الكفاية الرئيسة	الكفايات الفرعية
١	الوطنية	– الاعتزاز بالانتماء للوطن والمحافظة على مكتسباته ومنجزاته
		– إدراك طبيعة النظام السياسي
		– احترام القوانين والتشريعات في الدولة
		– تقدير أهمية المحافظة على الوحدة الوطنية
		– المشاركة في أعمال الترشيح والترشح للمجالس النيابية والشورى
		– الوعي بالواجبات تجاه الوطن والاستعداد لأدائها.
٢	الاجتماعية	– إدراك طبيعة النظم الاجتماعية والثقافية للمجتمع والعلاقات التي تربط أفراده
		– الوعي بالعادات والتقاليد والأنظمة والقضايا والمشكلات السائدة في المج...
		– الوعي بضرورة الالتزام بقواعد الآداب السليمة في التعامل مع الآخرين
		– إدراك معنى المسؤولية الاجتماعية السليمة
		– تقبل نقد الآخرين
٣	الشخصية	– التسامح فكراً وسلوكاً
		– الثقة بالنفس وتحمل المسئولية
		– ضبط النفس
		– الوعي بالحقوق الشخصية

٤	المهارية	- التفكير العلمي والناقد - حل المشكلات - اتخاذ القرار - الحوار البناء - التعلم الذاتي - توظيف المعارف والمهارات المكتسبة في مواقف جديدة - العمل الجماعي
٥	الوجدانية	- حب الوطن والولاء للقائد - الاعتزاز بالمنجزات والمكتسبات - احترام القوانين والأنظمة - احترام الملكية العامة والخاصة - تقدير جهود أجهزة الدولة في خدمة المجتمع - الاعتزاز بالذات - احترام آراء الآخرين

وبعد استعراض الكفايات السابقة، نخلص إلى أن محتوى مقررات التربية الوطنية يجب أن يهتم بتنمية أربعة جوانب عند المتعلم، هي: المعرفة، والقيم والاتجاهات، والمهارات، والمشاركة الاجتماعية. سواءً تم ذلك من خلال إفراد مقرر خاص بالتربية الوطنية أو من خلال تضمينها في المواد الدراسية المختلفة.

-مقترح مشروع للتربية الوطنية:

يتم تنفيذه هذا البرنامج ليكون إطاراً عاماً للتربية الوطنية بإنتاج وطني يشمل الكتب، المراشد، الدلائل، المجلات، الأشرطة والاسطوانات وتنظم له الاحتفالات والمناسبات وتتعاون فيه جميع المؤسسات وتتوفر له رعاية الدولة والمجتمع.

-أهداف مشروع التربية الوطنية:

١. التعريف بالأردن تاريخ وحضارة وقيادة وحقوق ومكتسبات ومكوناته وثرواته.

٢. تنمية الحس الوطني بتقوية الولاء والانتماء.

٣. تعزيز مكانة الأردن في المحيط الإقليمي والدولي.

٤. إعداد قادة المستقبل بتسلحهم بالعلم والمعرفة.

٥. إعداد الأجيال للحفاظ علي مكتسبات الوطن.

-محاور مشروع التربية الوطنية:

١. المحور المعرفي: وتركز علي زيادة مفاهيم التربية الوطنية في المقررات الدراسية.

٢. محور الأنشطة المعززة للتربية الوطنية:بالنظر إلي إيجابيات وسلبيات كل واحدة من الطرق

التي أتبعت في الأنشطة تأخذ الإيجابيات من طريقتين:

أ. برامج النشاط المعززة للتربية الوطنية: وهي تضم البرامج والأنشطة التي خططت لها الإدارة

العامة للنشاط الطلابي الواردة في إستراتيجية النشاط والتي تضم:

١- برنامج العرض الصباحي ويستوعب :

- النشيد الوطني

- رفع العلم الأردني.

- تقديم أعمال ثقافية وطنية.

- استضافة بعض الرموز الوطنية.

٢- برنامج الإذاعة المدرسية:

- إنتاج الشريط الوطني.

- توجيه مادة إذاعية وطنية.

- الأغنيات الوطنية.

٣- البرامج الثقافية:

- إنتاج أعمال ثقافية وفنية ذات دلالات وطنية

- علي أن تظل جميع برامج النشاط مهتمة ومركزة علي تنمية الحس الوطني.

- مجالات وطنية على مستوى المدرسة أو المديرية أو على مستوى الوزارة.

- التربية العملية من خلال الحس الوطني في القيام بالأعمال الموكلة لنا جميعياً

- تختتم جميع البرامج بالنشيد الوطني ويردده كل الحضور.

٤- الأنشطة الصيفية.

٥- علي أن تظل جميع برامج النشاط مهتمة ومركزة علي تنمية الحس الوطني.

ب. برامج التربية الوطنية:

تصمم برامج للتربية الوطنية تسعي بقوة لزيادة الولاء والانتماء للأردن ونجملها في البرامج التالية:

١. خارطة الأردن:

- يصمم الإطار من موقع بارز بالمدرسة وتكون مكونات الخارطة من (مدن، معالم ثقافية، آثار... الخ)

- يصمم نشاط أسبوعي لطلاب الصفوف بشكل دوري يطالع الطلاب أسبوعيا المعلومات المتجددة بالخارطة.

٢. السلام والأغاني الوطنية:

- تجميع الأغنيات الوطنية في أشرطة واسطوانات

- إعداد أعمال تراثية تسهم في تشكيل الوجدان الموحد.

- تنظيم مسابقات الأغنية، القصيدة، القصة، المقال كلمات للوطن.

- نقل الأغنيات ذات الطابع الخاص ببعض المناطق لتعم كل مناطق الأردن لتشكيل الوجدان بتنمية حس الانتماء للمنطقة ثم الوطن.

٣. المناسبات الوطنية:

- إعداد المادة المطلوبة لأي مناسبة.

- تنظيم الاحتفالات.

٤. الرحلات المدرسية:

- تنظم كل مدرسة رحلة مدرسية سنوية لطلابها للتعرف على معالم الوطن يشارك فيها كل الطلاب على صعيد المدرسة، وتشجيع الرحلات إلى بعض المدن والمواقع السياحية والأثرية.. الخ.

- الربط بين المجتمع المحلي والمدرسة.

٥. المكتبة الوطنية:

- تضم كتب ومخطوطات، ملصقات، بوستر، مذكرات، كتب عن جغرافية وتاريخ الأردن، شخصيات أردنية، كتب ثقافة، وأغنيات.

- تنظم المكتبة أنشطة تحقق الولاء والانتماء للوطن.

٦. قادة المستقبل:

اكتشاف الطلاب ذوي القدرات والمهارات القيادية وإعدادهم لقيادة البلاد بحس وطني ببرنامج يسهم في:

- إكساب المهارات القيادية.

- تعليم مهارة التخطيط العلمي.

- التعريف بنظام الحكم والدستور والحقوق.

- تعريف مؤسسات الدولة

- السلطة التشريعية.

- السلطة التنفيذية

٧. السلطة القضائية:

- أهمية علاقات الأردن مع المجتمع الدولي "التأثير والتأثر".

- منظمات المجتمع الدولي "العلاقات".

٨. الملتقيات الوطنية:

تنظم برامج توعية للتربية المدنية في شكل:

- معسكرات

- دورات متخصصة

- ملتقيات

وتنظم كذلك

- السمنارات

- المنتديات

- المحاضرات المتعددة لتنمية الحس الوطني

٩. التدريبات الانضباطية:

- تبدأ بالتدريبات البدنية ثم الأنشطة شبه الانضباطية وتتطور إلى تدريبات عسكرية.

- مراحل التنفيذ:

١. انطلاقة المشروع.

٢. تشكيل لجنة التربية الوطنية.

٣. إعداد الخارطة البرامجية للمشروع.

٤. تنظيم الورش واللقاءات.

٥. إعداد وإنتاج معينات المشروع.

٦. تصميم نظام لتقديم المشروع

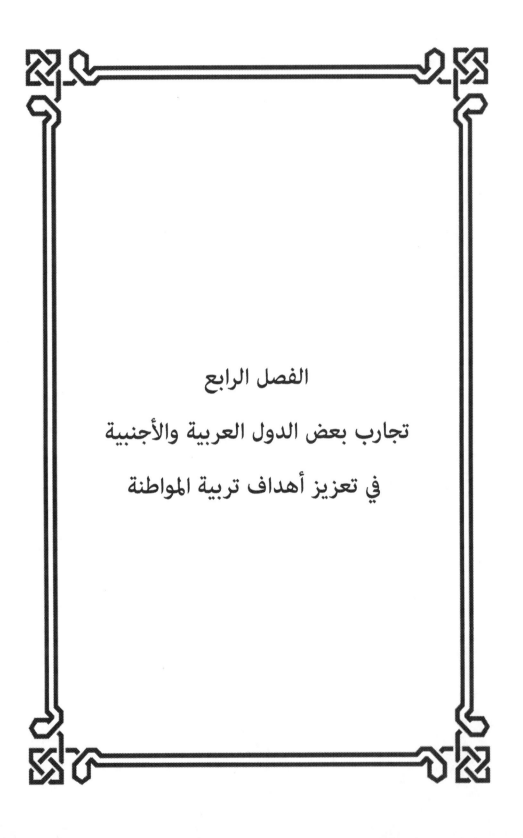

الفصل الرابع

تجارب بعض الدول العربية والأجنبية

في تعزيز أهداف تربية المواطنة

الفصل الرابع

تجارب بعض الدول العربية والأجنبية

في تعزيز أهداف تربية المواطنة

-نماذج لتجارب بعض الدول العربية والأجنبية في مجال تعزيز أهداف تربية المواطنة في المناهج الدراسية وفق الاتجاهات المعاصرة:

*** الدول المتقدمة:**

١- الولايات المتحدة الأمريكية:

المجتمع الأمريكي خليط من المهاجرين الذين قدموا من أنحاء مختلفة من العالم، مما يتطلّب من النظام السياسي محاولة دمجهم في الحياة الجديدة أو إعادة التشكيل الأيديولوجي لهم لتدعيم الاستقلال السياسي وتثبيت الحكم الديمقراطي من خلال النظام التربوي.

ونظرا لأن الولايات المتحدة دولة اتحادية مكونة من خمسين ولاية لكل منها نظام تعليمي مستقل، فإنه يصعب التعميم بالنسبة لبرامج ومناهج التربية الوطنية حيث تختلف كل ولاية عن الأخرى، إلا أنَّ هذه البرامج تحظى بالاهتمام والعناية من قبل السلطات التربوية في كل الولايات بصور وأشكال مختلفة، فغالبية الولايات تكتفي بالمواد الاجتماعية أو القومية "التاريخ، الجغرافيا"، وبعض الولايات تضع منهجاً مستقلاً، وبعضها الآخر يضعها كمادة إجبارية، كولاية ميرلاند (العريان، ١٩٩٠).

وتمتد برامج تربية المواطنة ضمن المناهج الدراسية التالية:

١. الدراسات الاجتماعية: تعد التربية الوطنية هدفاً رئيساً للدراسات الاجتماعية، حيث يعد التاريخ مادة إجبارية في جميع الولايات وجميع المدارس، ويركز على: "التاريخ الأمريكي، الدستور، الأبنية السياسية، نظام الحكم، القيم الديمقراطية". أما الجغرافيا فينصب تدريسها على جغرافية كل ولاية مع اهتمام قليل في الآونة الأخيرة بتدريس جغرافية العالم من خلال تقسيمه إلى مناطق متماثلة (العريان، ١٩٩٠).

٢. التربية الوطنية: تدرس بعض الولايات منهجاً مستقلاً للتربية الوطنية يركز على: "الحقوق والواجبات، المسؤولية، القانون، دور المواطن في البناء والإنتاج وغيره"، وبدأ في السنوات الأخيرة الاهتمام ببعض القضايا التي تواجه المجتمع الأمريكي، مثل: "الجريمة، التلوث، الفقر، المخدرات، الهجرة" وبعض القضايا العالمية، مثل: "الصراعات العالمية والسلام، المشكلات البيئية، التكنولوجيا، الطاقة وحقوق الإنسان"، وتدمج هذه الموضوعات في الدراسات الاجتماعية والمواد الأخرى إذا لم يكن هناك منهج مستقل في الولاية (العريان، ١٩٩٠).

أشكال تربية المواطنة في الولايات المتحدة مع نماذج منها:

١. الأسلوب التقليدي:

يعد هذا الأسلوب من أقدم أساليب تعليم المواطنة في الولايات المتحدة، ويهدف إلى تعليم الطلاب قدراً محدوداً من الأنشطة السياسية، مثل التصويت في الانتخابات (أيوب، ١٩٩٨).

٢. الأسلوب التقني:

يقدم هذا الأسلوب سلسلة من الأنشطة التي غالباً ما تكون عن طريق إعطاء الطلاب أسئلة للتكملة على استمارة معينة، ويعطي الطلاب بعض الأنشطة الإضافية التي تجمع بين خبرتهم واهتماماتهم ومحتوى المنهج (أيوب، ١٩٩٨).

٣. الأسلوب (البنائي) "التجريبي" :

يشجع هذا الأسلوب الطلاب على ممارسة اهتماماتهم من خلال منهج وأنشطة معدة بشكل متكامل تتماشى مع خبراتهم، وتجعلهم يبحثون على نطاق واسع في المجالات السياسية (أيوب، ١٩٩٨).

٢- اليابان:

يعد النظام التعليمي أحد المقومات السياسية للنهضة اليابانية المعاصرة، حيث تم توجيهه سياسياً لتدعيم الولاء الوطني للنظام السياسي، وترسيخ القيم الجماعية وتغذية الأفراد بالمعتقدات التي تعلي من شأن الانتماء القومي، وتحث على التضحية بالمنفعة الشخصية في مقابل الصالح العام (عبد البديع، ١٩٨٣).

ورغم ما يتميز به المجتمع الياباني المعاصر من وجود اتجاهات يمينية تدعو لمزيد من الجماعية وأخرى يسارية تؤكد على الفردية، وجماعات ليبرالية واشتراكية وشيوعية، إلا أن هذه الاتجاهات والجماعات ليس لها تأثير على البرنامج الرسمي للتنشئة السياسية من خلال النظام التعليمي (عبد البديع، ١٩٨٣).

وتضع وزارة التربية اليابانية عدداً من الأهداف التي تسعى لتحقيقها من خلال موضوعات التربية الوطنية، أهمها:

١. احترام الذات، والآخرين، والإنسانية كافة.

٢. فهم الشعوب والثقافات المختلفة.

٣. تنمية استعداد الطلاب على تحمل المسؤولية تجاه أنفسهم، ومجتمعهم.

٤. زيادة الوعي بالمشكلات والقضايا المحلية والعالمية.

٥. تكوين الاتجاهات الخاصة بعملية السلام التفاهم الدولي.

هذا ولا تضع وزارة التربية اليابانية مادة دراسية مستقلة تحت مسمى التربية الوطنية أو التربية الدولية في مراحل التعليم العام، وإنما تضمن

موضوعاتها في معظم المواد الدراسية، وبشكل خاص في مقررات الدراسات الاجتماعية والتربية الأخلاقية.

ويتم اللجوء لعدد من الأساليب والوسائل لتنفيذ برامج التربية الدولية، منها: المواد الدراسية: تتضمن معظم المواد الدراسية، مثل "الدراسات الاجتماعية" موضوعات تتعلق بالتربية الدولية، أبرزها: "التكافل والتعاون الدولي، العلاقات الدولية، المشكلات الدولية، الأوضاع الدولية والسياسة اليابانية، ثقافات وشعوب العالم، المنظمات الدولية، المعاهدات الدولية، مصادر الثقافة اليابانية، التأثير المتبادل بين اليابان والثقافات الأخرى، دور اليابان في عالم اليوم والغد" (ساتو، ١٩٧٩).

٣- المملكة المتحدة:

تسعى المملكة المتحدة إلى ضرورة تعلم مهارات الوطنية وعلى إدماج الاعتبارات المتعلقة بالمواطنة ضمن التعليم في كل مستوياته ابتداء من السنوات الأولى وانتهاء إلى التعليم المستمر وتعليم الكبار(كارين، ٢٠٠٠).

وهناك عدة نماذج للتربية الوطنية في التعليم الأساسي في المملكة المتحدة منها:

١- من خلال القيام بالمشاريع التربوية البيئية.

٢- ضمن جميع المواد الدراسية.

٣- الأسابيع العامة.

٤- جماعات النشاط.

٤- من خلال النقاشات وتمثيل الأدوار.

٥- الصين:

تتمثل طبيعة التربية في الصين في الربط بين التعليم والعمل الإنتاجي لتنمية وتكامل الشخصية، وإدراك أهمية التعليم في التنمية الاقتصادية على المستوى

القومي. وهكذا يبدو واضحاً أن التعليم في الصين هو تعليم سياسي بالدرجة الأولى (عبود وآخرون، ١٩٩٧).

وتسعى برامج التربية السياسية لتحقيق الأهداف التالية:

١. تنمية الشخصية المتكاملة للفرد ليكون عاملاً عن وعى اشتراكي اجتماعي ثقافي.

٢. غرس روح المسؤولية لدى الأفراد، وقبولها كمواطنين.

٣. احترام الفرد لذاته وللكبار وللسلطات.

٤. احترام القانون والالتزام به.

٥. رفع مستوى الوعي بأهمية العمل اليدوي واحترامه.

هذا وتضع دولة الصين منهجاً مستقلاً للتربية الوطنية في جميع مراحل التعليم العام تحت مسمى التربية السياسية، ولا تكتفي بذلك بل تضمن موضوعاتها في معظم المواد الدراسية الأخرى، وتوجه هذه المواد لخدمة أهدافها (مرسي، ١٩٩٨).

ولتنفيذ سياستها في مجال التربية الوطنية تتبع الصين الأساليب التالية:

١. رياض الأطفال: رغم أن هذه المرحلة ليست إلزامية إلا أنها من أهم المراحل في مجال التربية السياسية، حيث يبدأ في هذه المرحلة غرس روح العمل الجماعي واحترام السلطة والالتزام بالنظام من خلال أداء بعض الأعمال البسيطة مثل مسح الأرضيات وترتيب الأدوات والملابس وتعلم الأناشيد الوطنية (عبود وآخرون، ١٩٩٧).

٢. التعليم العام:

أ) المواد الدراسية: تعد مادة التربية السياسية من أهم المواد الدراسية في مناهج التعليم العام بمراحله الثلاث، وأبرز موضوعاتها: "الأخلاق والعقيدة الشيوعية، الحزب الشيوعي، احترام السلطة، الاشتراكية، الملكية

الخاصة والعامة، المشاركة السياسية، النظام، التعاون، المسؤولية"، إضافة لتوجيه المواد الدراسية الأخرى لخدمة مادة التربية السياسية كأساس للنظام التعليمي (عبود وآخرون، ١٩٩٧).

ب) الربط بين التعليم والعلم المنتج: يعد هذا الأسلوب من الجوانب الأساسية للتربية السياسية، وذلك لربط النظرية بالتطبيق أو الطلاب بالعمل، ويبدأ في المرحلة الابتدائية من خلال قيام الطلاب ببعض الأعمال الجماعية لتطوير الحقول المدرسية والمشاركة في بعض أعمال المصانع والشركات.

*** دول الخليج العربي:**

١- تجربة مملكة البحرين:

قامت وزارة التربية والتعليم بمملكة البحرين في العام الدراسي ١٩٧٦/٧٥م بتطوير المناهج الدراسية تنفيذاً لما ورد في الدستور واستحدثت مادة التربية الوطنية، وافرد لها منهجا خاصا يدرس ضمن إطار الدراسات الاجتماعية، وفي بداية التسعينات أعيد النظر في المناهج بحيث تعد التربية الوطنية قضية عامة ينبغي أن تسهم فيها جميع المواد الدراسية، وبالتالي تم الاتجاه إلى دمج مفاهيم التربية للمواطنة في المواد الدراسية بما يتفق مع أهدافها ومستويات الطلبة(الخليفة، ٢٠٠٤).

٢- تجربة المملكة العربية السعودية:

كان الاهتمام في المملكة بوجود مادة التربية الوطنية منذ ظهور التعليم بشكل رسمي، فلم تكن البداية عام ١٤١٧هـ، وإنما سبق تطبيقها عدة مرات خلال مراحل تطور التعليم، حيث كانت المرة الأولى عام ١٣٤٨هـ تحت مسمى مادة "الأخلاق والتربية الوطنية" لتدرس في الصف الثالث الابتدائي بواقع حصة واحدة في الأسبوع، والصف الرابع الابتدائي بواقع حصتين في الأسبوع، وفي تلك الفترة

كانت المرحلة الابتدائية نهائية تؤهل من يتخرج منها للعمل، وتتكون من أربع مستويات تسبقها مرحلة تحضيرية مدتها ثلاث سنوات (الحبيب، ١٩٩١).

غابت التربية الوطنية كمادة مستقلة عن التعليم العام منذ عام ١٣٥٥هـ إلى عام ١٤٠٥هـ حتى عادت مرة أخرى من خلال التعليم الثانوي المطور كمادة إجبارية يدرسها جميع الطلاب من جميع التخصصات بواقع ساعتين في الأسبوع لمدة فصل دراسي واحد، ولكن هذا لم يستمر طويلاً فقد ألغي التعليم الثانوي المطور عام ١٤١١هـ ومعه ألغيت مادة التربية الوطنية، ثم عادت من جديد عام ١٤١٧هـ كمادة مستقلة تدرس في جميع مراحل التعليم العام بداية من الصف الرابع الابتدائي إلى الثالث ثانوي (القحطاني، ١٤١٨هـ). ولقد جاء في الفقرة الثالثة من التعميم الوزاري رقم ٦١١ ما نصه "يسند تدريس مادة التربية الوطنية إلى المدرسين السعوديين الذين تبدو عليهم إمارات الاستعداد والحماسة والقدرة على القيام بهذه المسؤولية ويبدون فهماً واضحاً لها".

٣- سلطنة عمان:

عند تتبع مسيرة التعليم الحديث بالسلطنة منذ عام ١٩٧٠ وحتى الوقت الراهن يمكن ملاحظة الاهتمام المتنامي على مدى العقود الماضية بالشأن المتعلق ببناء الإنسان العماني الذي يكن الولاء لوطنه، والانتماء لمجتمعه، والاستعداد لخدمة وصون مكتسباته.

لذلك كانت التربية الوطنية قضية تربوية حاضرة على الدوام في المناهج العمانية، تتطور أهدافها ويتجدد محتواها وتتعدد أشكال معالجة مواضيعها وفق وقع تقدم حياة المجتمع العماني؛ حيث اعتمدت المناهج العمانية معالجة التربية الوطنية اعتمادا على مبدأ أن مفهوم التربية الوطنية لا يختلف عن مفهوم التربية بمعناها الواسع إلا

بتركيزه على علاقة الإنسان بمجتمعه وبيئته ووطنه وأرضه لتـدريب الفـرد عـلى الحيـاة الاجتماعيـة حتى يقوم بدوره من خلال علاقاته مع الآخرين.

وبذلك يتضح أن المناهج العمانية قد عالجت موضوع التربية الوطنية من خلال أسلوبين: اعتمد احدهما على تـضمين قـدر مـن المعـارف والمفـاهيم والقـيم والاتجاهـات ذات العلاقـة بتنشئة الفرد تنشئة وطنية في جميع المواد الدراسية وفق ما يتفق وطبيعة المادة الدراسية.

في حين أن الأسلوب الثاني: قام عـلى تخـصيص مـادة مـستقلة باسـم التربيـة الوطنيـة تعنـى بالـشأن الوطني والمواطنة، كي تتم معالجتها من مختلف أبعادها وبعمق وتوسع من اجل غرس القيم والاتجاهـات الوطنية المستهدفة لدى الأفراد (الشيدي، ٢٠٠٤).

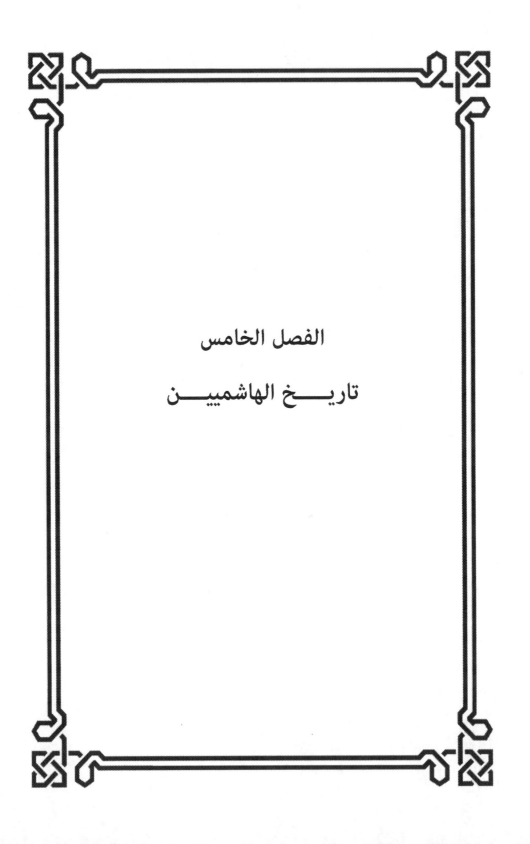

الفصل الخامس

تاريـــخ الهاشمييـــن

الفصل الخامس

تاريخ الهاشميين

إن الهاشميون كانوا وما زالوا يحاولون باستمرار توفير الأمن والمساواة بين جميع أفراد المجتمع الأردني لتصل إلى نتيجة واحدة وهي "الإنسان"، ففد كانت القيادة الهاشمية تحمل قضايا شعبها وهمومه وطموحاته، وترسم أهدافاً نبيلة للشعب الأردني متمثلين بقوله تعالى: (**لَقَدْ جَاءَكُمْ رَسُولٌ مِّنْ أَنفُسِكُمْ عَزِيزٌ عَلَيْهِ مَا عَنِتُّمْ حَرِيصٌ عَلَيْكُم بِالْمُؤْمِنِينَ رَءُوفٌ رَّحِيمٌ**) (التوبة،١٢٨).

ومن هنا كانت هذه الأفكار منهج عمل لكل أردني مخلص فخور بقيادته الهاشمية يسعى دائماً في العمل على خدمة الوطن على أفضل وجه لتعكس بدورها صورة الأردن الوطن الأنموذج وترسيخ مكانتها داخل كل فرد من أفراد المجتمع الأردني. ولن يتحقق ذلك إلا من خلال تجسيد هذه الصورة في شخصية كل مواطن أردني والتي بدورها ستنمي روح الوطنية والولاء بالطريقة المثلى التي نسعى إليها ونربي أبنائنا عليها.

-نسب الهاشميون:

تنسب الأسرة الهاشمية إلى هاشم جد النبي محمد عليه الصلاة والسلام عن طريق ابنته فاطمة الزهراء، وزوجها علي بن أبي طالب رابع الخلفاء الراشدين (باكير،١٩٩٩)، ويرجع نسب هذه القبيلة إلى إسماعيل بن إبراهيم عليه السلام وهاشم هو سيد قريش "عمرو بن عبد مناف" وسمي بهاشم لأنه هشم الخبز، واتخذ منه الثريد الذي كان يقدمه لأهل مكة بعد أن صبَّ عليه المرق واللحم في سنة حلّت بهم محنة القحط، وأصبح القرشيون أغنياء بفضله لأنه هو الذي مهد لهم الطريق

لرحلتي الشتاء والصيف، إحداهما إلى بلاد اليمن والأخرى إلى بلاد الشام (وزارة التربية والتعليم، ٢٠٠٩).

وينحدر الهاشميون أشراف مكة وآل البيت من أصولهم العربية العدنانية، ولم تشهد أيّة سلالة في التاريخ احتفاظاً بامتداد نسبها على النحو الذي اتصف به آل البيت خاصة، وكان لمركزهم الديني وتواصل خدمتهم، وإدارتهم للحرم المكي أثره الممتد على مدى التاريخ، وقد بدأت ليس فقط من رحلات الإيلاف، ولا من سيرة محمد الأمين قبل أن يتنزل الوحي عليه، بل من موقع الهاشميين التاريخي بين قبائل العرب باعتبارهم قادة إصلاح ومشورة، وقد ترفعوا عن كل منصب إلا ما كان هو في خدمة أمة الإسلام بدءاً من العشيرة الأقرب في أرض الحجاز، وقد تقلدوا منصباً سياسياً أسوة بالأمويين والعباسيين والفاطميين، واحتفظوا بمكانتهم ونهضوا في خدمة الأمة اجتماعياً، وكانوا أول الباذلين لأرواحهم في خدمة دعوة الإسلام الحنيف (موقع جلالة الملك عبد الله، ٢٠١١).

-الثورة العربية الكبرى:

وفي العاشر من حزيران من عام ١٩١٦م أطلق الشريف الحسين بن علي -طيب الله ثراه- رصاصة الثورة العربية الكبرى، فانطلقت جيوش العرب من أجل تحرير الأرض والإنسان وتقدمت بقوة وثبات عقيدة، وهي تحمل إرث التاريخ وهموم الأمة وأمل المستقبل، وتستند إلى مبادئ الثورة والنهضة وفكر العرب الأصيل الذي يدعو إلى تأكيد وجود الدولة العربية المستقلة الواحدة التي بدأت بثبات عزيمة وعزم مؤسسة على الإرادة العربية وليس على إرادة أشخاص، فكان الهاشميون هم في خدمة هذه الأهداف، ويترجمون المبادئ إلى أفعال وواقع يتفق وبناء الدولة العصرية، فكانت القيادة الهاشمية في مستوى طموح الأمة وآمال العرب التي كانت تتطلع إلى المؤسسة العربية الفاعلة (أبو رجائي، ٢٠٠٨).

وقامت الثورة على يد إنسان مسلم شريف من أشراف مكة، عُرِفَ بشدة التكتم والحذر ولم يكن يبوح بأسراره وآرائه، وكما عرف بالورع والتقوى، وحسن السيرة، والاستقامة، وإخلاصه للدولة مما جعله السلطان محط تقدير واحترام العديد من كبار الدولة؛ القائد الأعظم الذي رسم معالم سلوك بداية النهضة ألا وهو المغفور له الشريف الحسين بن علي مفجر الثورة العربية الكبرى (بكار، ١٩٩٩).

وقد اضطلع الحسين بمسؤولية الثورة من أجل تحقيق هدف كبير، لم تلبث الأحداث أن أثبتت أنه كان أكبر من طاقات الأمة العربية آنذاك. فالأمة العربية لم تكن بمجموعها مستعدة تلقائياً لقبول الوحدة، بعد أمد طويل من الضعف والتخلف. إلا أن الثورة كانت في حد ذاتها محاولةً باسلة وضعت اللبنة الأولى على أول الطريق. كما أن ثبات الحسين على مبادئ الثورة، قدم مثلاً عظيماً يوازي عظمة ذلك الطموح الكبير(موسى،١٩٩٢).

وتعود الثورة العربية الكبرى في أصولها إلى حركة النهضة العربية الحديثة، ونمو الوعي القومي العربي الذي بدا منذ القرن التاسع عشر الميلادي، وقد لعبت عدة عوامل لإيجاد النهضة العربية الحديثة، وظهور الوعي القومي العربي، وكان لهما مظاهر متعددة (فريحات،١٩٩٠).

وقد أشار الدروع والعرقان (٢٠٠٠) إلى وجود

عوامل الداخلية التي ساهمت في نضوج هذه الثورة وانتقالها إلى مرحلة الثورة المسلحة في مواجهة حزب الاتحاد والترقي وتتمثل في الآتي:

* التغيرات السياسية والاقتصادية و العسكرية التي مرت بها دولة الخلافة العثمانية والتي ساهمت في تردي الأوضاع في كل المجالات.

* ساد في عهد الاتحاد والترقي حالة من التردي، والظلم والاستبداد، وأبعاد العنصر العربي عن القرار السياسي، ثم ملاحقة الأتراك لزعماء الفكر العربي بالقتل والنفي لرموز الحركة القومية العربية.

* حالة النهوض العربية السياسية والفكرية التي ساهمت في تزايد الوعي السياسي القومي العربي بأثر من تسلسل الفكر.

* الاتجاهات العربية الفكرية السلمية والعسكرية نحو الثورة، فقد جاءت حركة الثورة استجابة عربية لمظاهر التحدي التي فرضها الاتحاديون على العرب بعد ما أيقنوا استحالة إصلاح الدولة العثمانية من الداخل من جهة، وعدم تحقيق الأتراك لمطالب العرب من جهة أخرى.

* زعامة الشريف الحسين للثورة ودوره السياسي والقومي: فقد جاء إجماع زعماء العرب ومفكريهم على زعامة الشريف الحسين بن علي لقيادة الحركة القومية بناءً على اعتبارات أهمها:

أولاً: إطلاعه على أحوال الدولة العثمانية بخاصة وأنه عاش في اسطنبول ١٨٩٣- ١٩٠٨م.

ثانياً: مركزه الديني " شريف مكة ونسبه الهاشمي".

ثالثاً: إيمانه بالقضية العربية وحفاظه على الدين والعروبة.

رابعاً: خبرته السياسية وشخصيته القيادية التي ظهرت من خلال المراكز التي تولاها.

خامساً: إيمانه العميق بالرابطة الإسلامية الذي دفعه إلى عدم الخروج إلا بعد تحقيق الأتراك للمطالب العربية البعيدة عن سطوتهم.

وقد ذكر الخضور، ورباح، والثبيتات (٢٠٠٨)، عوامل خارجية لقيام الثورة العربية الكبرى تتمثل في التطورات السياسية في أوروبا، وتنافس الدول الاستعمارية على الوطن العربي لأنه من المعروف أن المرحلة التالية التي سبقت الحرب العالمية الأولى قد انعكست سلباً على الدولة العثمانية بعامة، وعلى البلاد التابعة لها بخاصة، والتي تحددت معالمها من خلال:

* محاولة دول وسط أوروبا جذب الدولة التركية إلى جانبها خاصة أن الاتحاديين رأوا في ألمانيا قوة تفوق قوة فرنسا وانجلترا وروسيا وحلفائها.

* تفرد بريطانيا الأكبر في محاصرة النفوذ الروسي والألماني، وذلك من خلال إبرامها المعاهدات والاتفاقيات مع الأمراء والشيوخ في جزيرة العرب.

وأضاف الخطايبة (٢٠٠٦) أهدافاً نبيلة أخرى سعى الشريف الهاشمي الحسين بن علي وأنجاله وجموع الأحرار العرب لتحقيقها ومن أبرزها:

* تحرير إرادة الإنسان العربي التي سلبت لعدة قرون.

* إبراز القضية العربية إلى حيز الوجود في ميدان السياسة العالمية بعد أن كانت رهينة التفاوض مع حكومة الأستانة.

* أعادت الثورة العربية الكبرى المجد للأمة.

* يعد الشريف حسين بن علي أول قائد ثوري عربي في القرن العشرين، حيث لم يتوانَ الشريف في تبني الثورة انطلاقاً من دور الهاشميين التاريخي في قيادة الأمة وحمل رسالتها.

* أثبتت الثورة قدرة العرب على القتال والنضال ضد الاستعمار.

وذكر الصمادي (٢٠٠٢) أن فلسفة الثورة العامة هي نيل الحرية، والتخلص من الظلم والعبودية والرجوع إلى الدين الإسلامي، ومحاربة الجهل ومقاومة المرض، فهذه الجوهرة الإستراتيجية الحقيقية للثورة لم تكن إلا ثورة حق في وجه طغيان واستبداد قادة تركيا وزعمائها الإرهابيين الذين ابتعدوا عن الله والرسول، والدين، والدنيا واقتربوا من العنصرية والإرهاب وأصبحوا ينادون بمبادئ لا أساس لها في دستور وقانون دولة الخلافة، فهذه هي ثورة الشريف قد جاءت من أجل وضع نقاط الحق على حروفها ومبادئها السامية للديانة الإسلامية التي ابتعدوا عنها وإرجاع الحق إلى أهله.

وأضاف ياسين (٢٠١٠) أن الشريف الحسين بن علي أعلن الثورة لإنصاف العرب واستعادة أمجادهم، وإحلالهم المكان اللائق بين أمم العالم. هنا بدأت قوات الثورة بقيادة أنجال الشريف الأربعة: علي وفيصل وعبد الله وزيد، وأخذت تحرز انتصارات عظيمة في ميدان القتال، حتى أصبحت معظم أراضي الحجاز في أيدي العرب، واستمرت قوات الثورة تقدماً شمالاً بقيادة الأمير فيصل واستولت على مناطق مهمة في شرق الأردن، وبدأت القبائل الأردنية بتأييد الثورة والاشتراك في قواتها، وساهمت بذلك مساهمة فعّالة، وفي الوقت نفسه أخذت القوات التركية بالتراجع نتيجة المعارك التي خاضها العرب إلى جانب الجيش البريطاني، واستمر جيش الثورة العربية بقيادة الأمير فيصل بالتوجه شمالا في أرض شرق الأردن حتى دخل دمشق وحلب، وبعدها وقعت الهدنة بين الأتراك ودول الحلفاء ١٩١٨م، وفي هذا الوقت كان الحلفاء يجرون فيما بينهم محادثات سرية لاقتسام النفوذ في سوريا ولبنان فعقدت اتفاقية سايكس بيكو.

وبعد انتهاء الحرب تأسست في سوريا الداخلية وشرق الأردن دولة عربية برئاسة فيصل الذي نودي ملكاً عليها، وسعى العرب مع حلفائهم لتحقيق أهدافهم القومية، ولكن دولتي بريطانيا وفرنسا عملتا على تطبيق اتفاقية سايكس بيكو، فقد قامت فرنسا بغزو الدولة السورية وأخرجت الملك فيصل من دمشق ١٩٢٠م. ولم يتقدم الفرنسيون بعد احتلالهم دمشق نحو الأردن؛ لأنها كانت تشكل منطقة نفوذ بريطانية بموجب اتفاقية سايكس بيكو، فتركت المنطقة بدون أي نوع من الحكم والسيطرة، فأصبحت بلا حكومة ولا جيش وعانت من اضطراب سياسي بعد سقوط الحكومة الفيصلية، وفي هذه الأثناء استنجدوا بالشريف الحسين بن علي في الحجاز، وطلبوا إليه أن يعاونهم بإيفاد أحد أنجاله كي يتزعم الحركة الوطنية، وأن نجاحها متوقف على مجيء أحد الأفراد الهاشميين لقيادتها، وعلى هذا جاء الأمير عبد الله النجل الثاني للملك حسين من الحجاز (الأدهمي، ٢٠١٠).

-المحطات المضيئة في تاريخ الملوك الهاشميين:

هذه المحطات هي مواقف تنطلق من المبادئ التي عاشوا عليها الهاشميين، وتربوا في أكنافها، والتي لم تعرف غير القومية والإسلام مبدأ، حملوا هم الأمة ومشكلاتها وسوف نستعرض بعض الانجازات في عهد الملوك الهاشميين:

* جلالة الملك عبد الله الأول بن الحسين:

وأشارت المصادر التاريخية المتعلقة بالعائلة الهاشمية أن الملك عبد الله نجل الشريف الحسين بن علي تولى الإمارة وبدأ بتأسيس الملامح العصرية إلى أن تحولت الإمارة إلى مملكة بعد استقلالها عن بريطانيا عام ١٩٤٦م (Mansoor، ٢٠٠٢).

كان عبد الله بن الحسين أديباً بارعاً كثير المطالعة، وكان يتولى بنفسه كتابة رسائله الخاصة وخطبه، شجاعاً في إبداء آرائه، وكان أكثر معاصريه من ملوك وزعماء العرب ثقافةً وإطلاعاً، وهو أول زعيم عربي كتب مذكراته بنفسه (موسى،١٩٧٢).

وأضاف (محافظة، وعبدالرحمن، وعبدالحي،٢٠٠٦) أن لنسبه الهاشمي وتربيته العربية ولمعرفته العميقة بالدين الإسلامي وإلمامه بالتراث العربي، أثرها الواضح في فكره السياسي، فهو يرى أن للهاشميين دوراً مميزاً في التاريخ العربي الإسلامي، وأن لوالده الحسين بن علي دوراً بارزاً في التاريخ العربي الإسلامي.

أسس المغفور له الملك عبد الله إمارة شرق الأردن في ١١/ نيسان ١٩٢١م، عندما أقام أول نظام حكومي مركزي في مجتمع معظمه عشائري وبدوي، وقام بتأليف المجلس التشريعي الذي كان اللبنة الأولى لإنشاء مجلس نيابي منتخب في عام ١٩٢٣م، واستمر حتى عام ١٩٢٧م، وتركزت جهوده في تلك الفترة على الاستقلال التام ووضع دستور(عبوي، ٢٠٠٧).

تم وضع الحجر الأساسي لإمارة شرق الأردن الذي يُبين صلاحيات ومهام أجهزة الدولة في وقت كانت كثير من الدول تغفل عن مثل هذا الدستور بِحُكم

تطبيق سياسة ديكتاتورية، مما يدل على وعي سياسي ونظرة ثاقبة للأمير المؤسس حيث أُعتبر ذلك حجر الأساس في إنشاء دستور عصري للدولة الأردنية لاحقاً (Orme، ١٩٩٩).

وفي عهده قام بتحسين الأوضاع في شتى المجالات وبالأخص في مجال التعليم كزيادة عدد المدارس، وزيادة عدد المعلمين، وزيادة نفقات التعليم، وفي المجال الزراعي قام بتوجيه الناس للعمل في الزراعة وإعطاء القروض وصرف التعويضات (عبوي، ٢٠٠٧).

سعى الملك عبد الله إلى الاستقلال بإقامة شرعية ديمقراطية، فوضع أول دستور للأردن عام ١٩٢٨م، عُرف "القانون الأساسي" وأُسس المجلس التشريعي، وتم إجراء الانتخابات لأول برلمان في عام١٩٢٩م، وخلال هذه العقود عقد الملك سلسلة من المعاهدات بين انجلترا وشرق الأردن كان آخرها في ٢٢ آذار ١٩٤٦م، التي أنهت الانتداب البريطاني وحققت لشرق الأردن استقلالا كاملاً لتصبح الدولة باسم المملكة الأردنية الهاشمية في ٢٥ أيار ١٩٤٦م، وبتحقيق الاستقلال التام أخذ الأردن يمارس دوراً متقدماً عربياً ودولياً ويشارك في المؤتمرات حتى أصبح الأردن يتبوأ مركزاً متقدماً في خدمة القضية الفلسطينية (المحارمة، ٢٠١١).

واغتيل المغفور له الملك عبد الله في مدخل المسجد الأقصى، فعم الحزن، و أثر هذا الحدث على الناس بشكل كبير، وأصبح الملك طلال ملكاً للمملكة الأردنية الهاشمية في ١٩٥١/٩/٦، حيث تولى العرش بعد وقت قصير من استشهاد والده، لكن الأسباب الصحية لم تمكنه من الاستمرار في الحكم فأُعفي جلالته بعد أقل من سنة من توليه العرش في ١١ آب ١٩٥٢م (Yoav، ٢٠٠٧).

وترى الباحثة أن هذه المحطة من تاريخ الدولة الأردنية من المحطات المهمة، حيث قام الأمير عبدالله رغم قلة الإمكانات والظروف الصعبة على تأسيس الدولة

بكل أجهزتها، بل حمل هموم الأمة بمواقف راسخة رسوخ الجبال رغم الضغوط الدولية، وأصبح مشروع الأمير في تأسيس سوريا الكبرى قائماً حتى استشهد على أكناف بيت المقدس.

*** جلالة الملك طلال**

وفي عهد الملك طلال اتخذ الأردن قراراً يقضي بجعل التعليم إلزامياً ومجانياً للصف السادس - حيث يعد هذا القرار الأول من نوعه في الأردن والوطن العربي- وكان له الأثر الكبير في النهضة التعليمية التي شهدتها البلاد فيما بعد، وكان محباً للحياة العسكرية متأثراً بالروح العسكرية لوالده وشارك جلالته في الحرب العربية الإسرائيلية (منشورات منتدى الفراج، ٢٠٠٩).

وكان الملك طلال يتمتع بشعبية كبيرة، دام حكمه سنة واحدة تم خلالها التقارب مع الأسرة المالكة السعودية، وسن في عهده الدستور الحالي للمملكة في ١٩٥٢/١/١ (محافظة وآخرون،٢٠٠٦).

لم يسعف المرض الملك طلال ولم يمكنه من مواصلة تحمل المسؤولية فتخلى عنها لولي عهده المغفور له الملك الحسين يوم ١١ آب ١٩٥٢م، وتوفي في الثاني من تموز عام ١٩٧٢م، ودفن في المقابر الملكية (العرقان، ٢٠٠٢).

يتضح أن المرحلة الدستورية من أهم المراحل، لأنها رسمت للدولة دستورها الذي يعد من أرقى الدساتير في العالم العربي والعالمي، حيث كان حجم الانجاز أعظم من قصر المرحلة.

*** جلالة الملك الحسين بن طلال**

وتسلم الملك الحسين بن طلال الأمانة منذراً حياته وجهده لأدائها والنهوض بالوطن وخدمة الأمة وتحقيق أمانيها، محدداً القواعد والثوابت السياسية الأردنية على أسس متينة راسخة وضعت الأردن فوق كل اختبار وانطلق الأردن في مسيرة

الخير دون تقاعس، تحكمهُ قناعاته ومبادئه بهدف نشر رسالة القومية والوحدة التي أخذ على عاتقه تحقيقها وانجازها (الحمود ونجادات، ٢٠٠٧).

وقد نودي بالمغفور له الملك الحسين ملكاً على المملكة الأردنية الهاشمية في الحادي عشر من شهر آب عام ١٩٥٢م، وتعد حياته أروع تجسيد لأنبل القيم والمبادئ، كما جمع أفضل الصفات التي تصنع الملك والإنسان والتي جعلت منه أمة في رجل، فهو الوفي على العهد والصديق والسند عند الشدة، وصاحب القلب الكبير الذي اتسع للأمة العربية كلها، وحمل أمانيها وهمومها على عاتقه، وكان ممن فتح له التاريخ أنصع صفحاته ليسجل العطاء السخي الذي زخر به عهده الزاهر وما حفلت به سنوات حكمه من نضال وكفاح ومن مصابرة وصعاب وتحديات ومن عمل خلاّق ودؤوب لبناء الأردن الحديث وإسعاد شعبه (فاعوري، ٢٠٠٤).

ويذكر آشتون (**Ashton,2006**) أن له شخصية كارزمية واضحة وكان قادراً على التعامل مع الأحداث السياسية المختلفة بحكمة واضحة حتى حظي باحترام العديد من قادة العالم.

ويشير شريوك (**Shryock,2000**) إلى محاولة الملك الحسين في السعي للوصول إلى مجتمع ديمقراطي، ومقارنة صورة الأردن مع الدول العربية المجاورة، والتي أثرت بشكل إيجابي كبير في صورة الملك بخاصة، وصورة الأردن بعامة في المجتمعات الغربية من خلال الصورة المشرقة التي كان يقدمها الملك في المجتمعات الغربية، حتى أصبحت صورة الأردن مرتبطة بصورة الملك الحسين، وأصبح العديد من المواطنين في الدول الغربية يعرفون الأردن من خلال الملك الحسين بن طلال.

وازدهرت إنجازات الملك الحسين على الصعيد الاقتصادي، والسياسي، والصناعي، والتربوي، وتركزت اهتماماته على بناء بنية تحتية اقتصادية وصناعية لتكتمل وتعزز التقدم الذي أراد أن يحققه في مجال نوعية حياة شعبه.فقد كافح عبر سنوات حكمه السبع والأربعين لإرساء السلام في الشرق الأوسط (المحارمة، ٢٠١١).

فقد شهد الأردن في عهد جلالته نهضة شاملة في شتى مجالات الحياة الاقتصادية والاجتماعية والسياسية بالرغم من شح الموارد والظروف الاقتصادية والسياسية في المنطقة (محاسيس،٢٠١١).

وأشار محافظة (١٩٨٨) إلى اهتمام الملك الحسين بالميدان التربوي الذي اعتبره أساساً مهماً من أسس بناء الدولة والأمة، وتأكيده على بناء نسيج اجتماعي جديد تصنعه تربية صحيحة مدركة لأهداف العرب الحضارية والإنسانية، وضرورة تكريس كل جهد ممكن من أجل تطوير برامج التعليم ومناهجه، وربط العملية التربوية في كثير من أهدافها بحاجات التنمية ومقتضيات النمو والتقدم.

وقد استطاع الملك الحسين بحكمته أن يسير بالأردن بأمان في منطقة تعصف بالأحداث، حيث قام بتعزيز مفاهيم الوطنية والقومية منذ الخمسينيات، وقام ببناء وطن ديمقراطي وبدأ الاقتصاد الوطني بالازدهار والتقدم (Robinsk,2008).

ويذكر (زهران والبطاينة ٢٠٠٠) أن الملك الحسين توجه إلى ولاية مينيسونا الأمريكية للعلاج من مرض السرطان، وقام بإجراء العمليات الضرورية لشفائه حتى وصلت أنباء فشل علاجه وأعلن خبر وفاته في ٧ شباط ١٩٩٩م.

يتضح لنا أن جلالة الملك الباني الحسين بن طلال، الذي استطاع عبر فترة زمنية قصيرة من إخراج الدولة الأردنية إلى مصاف الدول المتقدمة، بل عدت الأردن من الدول التي يحسب لها كل الحساب في المنطقة، وعد الملك من أعظم شخصيات القرن الماضي، لما كان يتمتع به من حنكة سياسية وإدارية، استطاع أن يوجه الدولة إلى الطريق السليم رغم كل المكائد والضغائن التي كانت تحاك ضد الدولة الأردنية، وليس أدل على ذلك من الجنازة المهيبة التي أقيمت للمغفور له بإذن الله إذ شاركت وفود من قارات العالم بأسره وفي ذلك دلالة واضحة على المكانة العالية التي كان يحظى بها جلالة المغفور له بإذن الله الملك الحسين على مستوى العالم بأسره.

* **جلالة الملك عبدالله الثاني (الملك المعزز)**

واعتلى الملك عبد الله الثاني بن الحسين عرش المملكة الأردنية الهاشمية، ومنذ اليوم الأول من تسلمه سلطاته الدستورية عمل على المضي قدماً، وإضافة لَبنات نوعية في ميادين التقدم والنجاح ومواكبة أحدث الأساليب العلمية والتقنية، وتوظيفها للقيام بمسؤوليات التنمية، والتحديث والإصلاح، وألقى الملك ما يزيد عن مائة وستين خطاباً في الأردن والعالمين العربي والإسلامي، والولايات المتحدة الأمريكية، وأوروبا وأسيا وإفريقيا، ودول أمريكا، قدم فيها جلالته رؤية هاشمية واضحة وصريحة للمواقف المبدئية للمملكة الأردنية الهاشمية إزاء مجمل القضايا العربية والعالمية وعلى رأسها قضية العرب الأولى القضية الفلسطينية (الحوراني، ٢٠٠٩).

ولقد ورث الملك عبد الله بن الحسين رسالة الآباء والأجداد كابراً عن كابر، وهو أهل لها وعلى قدر المسؤولية، فهو الملك الرابع للمملكة الأردنية الهاشمية منذ تأسيس إمارة شرق الأردن في سنة ١٩٢١م، حيث تتلمذ على يدي والده فَزوده بالمعرفة وعمل على تدريبه وتأهيله حتى أصبح فارساً هاشمياً عربياً حريصاً على أداء واجبه بأمانة وإخلاص وخدمة أهله وعشيرته ووطنه وأسرته العربية باذلاً قصارى جهده مواصلاً العمل بكل همة ونشاط هدفه مصلحة المواطن والوطن، والسهر على راحته وأمنه وكرامته (القروم وإبراهيم، ٢٠٠٨).

* **انجازات ومبادرات جلالة الملك عبدالله الثاني:**

لقد خطا الملك خطوات واسعة نحو الهدف الكبير في استكمال المسيرة الهاشمية فتعددت إنجازاته ومبادراته الملكية وسنوضح بعضاً منها في الوحدة الأخيرة ونذكر منها:

* حقوق الإنسان: أولى الملك عبد الله الثاني تعزيز حقوق الإنسان والحريات العامة وحمايتهما جلّ عنايته فعمل على تعزيز حالة حقوق الإنسان في الأردن. وتأسس المركز الوطني لحقوق الإنسان عام ٢٠٠٢م بموجب قانون خاص، ليعمل على تحقيق الرؤية الملكية لحماية حقوق الإنسان والحريات العامة في الأردن وتعزيزهما ارتكازاً على رسالة الإسلام السمحة وما تضمنه التراث العربي والإسلامي من قيم، وما نص عليه الدستور من حقوق، وما أكدته العهود والمواثيق الدولية من مبادئ.

* الأردن أولاً: في تشرين الثاني/نوفمبر عام ٢٠٠٢ أطلق الملك عبد الله الثاني مفهوم (الأردن أولاً)؛ لتعزيز أسس الدولة الديمقراطية العصرية، وهي خطة عمل تهدف إلى ترسيخ روح الانتماء بين المواطنين، ونشر ثقافة الاحترام والتسامح، وتقوية مفاهيم الديمقراطية البرلمانية وسيادة القانون، والحرية العامة، والمحاسبة، والشفافية، والعدالة والمساواة.

* رسالة عمان: التي أطلقت في ليلة القدر المباركة في التاسع من تشرين الثاني ٢٠٠٤م، حيث جاءت الرسالة للتوعية بجوهر الدين الإسلامي الحنيف وحقيقته، الذي قَدم للمجتمع الإنساني أنصع صور العدل والاعتدال والتسامح وقبول الآخر ورفض التعصب والانغلاق وهي وليدة فكرة هاشمية، تجمعت أركانها ليتبنى الأردن خلالها الكثير من المؤتمرات والندوات، وكذلك المبادرات الهادفة إلى صياغة موقف إسلامي عقلاني بحثي فقهي سياسي يعرض على الأمم والشعوب كلها والإسلام ما يزال يشكل في اعتداله وتسامحه ورقيه ثقلاً حفظ الحياة الإنسانية من صدمات وانحرافات خطيرة.

* كُلنا الأردن: حيث أطلق الملك عبد الله الثاني مبادرة "كلنا الأردن" في عام٢٠٠٦م، بهدف تأسيس منظور وطني شامل يستند إلى رؤى مشتركة بين مكونات المجتمع الأردني، عبر مشاركة واسعة وفاعلة تعزز من الروح المعنوية للمواطن وتعزز ثقته بنفسه ومستقبل وطنه في شتى نواحي الحياة الاقتصادية، والاجتماعية، والسياسية، والتربوية وحتى مجالات العمل المتعلقة بالأمن والقضية الفلسطينية.

* الأجندة الوطنية: التي مثلت توافقاً وطنياً ورؤى مستقبلية على المبادئ العامة لمختلف القضايا الوطنية، وتضمنت توصيات ومبادرات تقدم إلى الحكومات المتعاقبة، والتي هي صاحبة الولاية في ترجمتها إلى قوانين وإقرارها في النهاية من قبل السلطة التشريعية.

* تطوير التعليم نحو الاقتصاد المعرفي: كانت رؤية الملك عبد الله الثاني لجعل الأردن بوابة للمنطقة في مجالي تكنولوجيا المعلومات والاتصالات والتجارة الالكترونية، الدافع والمحرك لإطلاق جلالته لمشروع تطوير التعليم نحو الاقتصاد المعرفي، للارتقاء بمستوى النظام التعليمي في الأردن لمواكبة المتطلبات والاحتياجات المحلية والإقليمية والدولية، وخلق تنمية اقتصادية مستدامة من خلال أبنائه المتعلمين، وطاقاته البشرية العاملة الماهرة، والقادرة على المشاركة الفعالة في الاقتصاد المعرفي محلياً وإقليمياً وعالمياً) موقع جلالة الملك عبد الله الثاني، ٢٠١١).

ولقد حظي الأردن منذ تأسيس المملكة بقيادة هاشمية حكيمة، كانت وما زالت القدوة والمنارة في رفعة البلاد، بفضل شرعيتها: الدينية، والتاريخية، والقومية، وما حفلت به من كرم النسب وعلو الشأن مما جعل الأردن وطنا يقتدى به في ظل آل البيت الذين قادوا الأمة إلى القمة والتحمت الأسرة الأردنية مع القيادة الهاشمية في كيان واحد قوي ومتماسك (الطراونة، ٢٠١١).

الفصل السادس

وثائق أردنية

أولا: الميثاق الوطني الأردني.

ثانيا: وثيقة إعلان الاستقلال.

ثالثا: الأجندة الوطنية.

رابعا: رسالة عمان.

خامسا: الأردن أولاً .

سادسا: كلنا الأردن.

الفصل السادس

وثائق أردنية

أولاً: الميثاق الوطني الأردني:

١- مقدمة تاريخية:

كان الأردن منذ أقدم العصور منطقة استقرار بشري وازدهار حضاري، وموطنا لكثير من الهجرات السامية العربية، وقد شيد الإنسان فيه حضارات لا تزال معالمها ماثلة للعيان، وستظل ارض الأردن تزهو بآثار القبائل العربية التي قدمت من الجزيرة العربية قبل الإسلام، وأسهمت منذ وقت مبكر في التواصل بين الجزيرة العربية ومنطقة البحر الأبيض المتوسط، وما مدينة البتراء التي بناها العرب الأنباط في جنوب الأردن إلا رمز لتصميم الإنسان العربي في هذه المنطقة على البقاء وعنوان لجهده وعطائه.

وعندما بزغت شمس الإسلام من بطاح مكة المكرمة والمدينة المنورة ،وانطلقت الدعوة خارج حدود الجزيرة العربية تحمل رسالة النور والهدى للعالمين، جابهت مقاومة الدول القائمة آنذاك، وشهدت مؤتة أول صدام بين المسلمين والقوى البيزنطية، وسقط على ثراها عدد من شهداء الإسلام، وعلى ضفاف اليرموك كان النصر الحاسم للرسالة الإسلامية. وأصبح الأردن احد الأجناد العربية الخمسة في بلاد الشام، كما أصبح أرضا للحشد والرباط ومنطلقا للفتح والتحرير، وبقى جزءا من الدولة العربية الإسلامية ونقطة اتصال بين الجزيرة العربية والبلاد الإسلامية.

ومنذ مطلع القرن الثاني عشر الميلادي عرفت المنطقة تشكيلات إدارية خلال العصرين المملوكي والعثماني، كما عرف الأردن، شأنه شأن الأقطار العربية

المجاورة، قيام مجالس للإدارة المحلية شارك فيها السكان، غير انه عانى من المراحل الأخيرة للحكم العثماني من التمييز الذي مارسه حزب الاتحاد والترقي ضد العرب وهويتهم القومية، مما دعاهم إلى الاحتجاج على السياسة الطورانية ورفضها، والثورة على الحكم الذي تمثله تلك السياسة، فكانت ثورتهم عليه نتيجة حتمية لسياسة التتريك وكثرة الظلم وسوء الأوضاع الاقتصادية، وتزايد الفساد الإداري، وعجز الدولة العثمانية عن توفير الأمن والاستقرار في الديار العربية عامة. وكان المشروع القومي النهضوي للثورة العربية الكبرى التي انطلقت شرارتها في التاسع من شعبان عام ١٣٣٤ هـ الموافق العاشر من حزيران عام ١٩١٦م، يهدف إلى توحيد أقطار المشرق العربي في دولة عربية واحدة تضم العراق والحجاز وبلاد الشام ومن ضمنها الأردن وفلسطين.

وعلى هذا الأساس، أعلن الأمير فيصل الأول تأليف أول حكومة عربية في دمشق في الخامس من تشرين الأول عام ١٩١٨، لكن بريطانيا أصدرت في ٢٢ تشرين الأول من العام نفسه بيانا يقضي بتقسيم سورية الطبيعية إلى ثلاث مناطق، تنفيذا لاتفاقية سايكس بيكو التي عقدت عام ١٩١٦، وتمكينا لبريطانيا من تنفيذ وعدها للحركة الصهيونية بإنشاء وطن قومي لليهود في فلسطين إلا من ممثلي الشعب في المشرق العربي الذين اجتمعوا في المؤتمر السوري العام الذي انعقد في دمشق من ٦-٨ آذار عام ١٩٢٠ رفضوا هذا التقسيم، وأعلنوا وحدة البلاد بحدودها الطبيعية واستقلالها، ونادوا بفيصل الأول ملكا عليها. غير أن بريطانيا وفرنسا لم تعترفا بإرادة الأمة، واتفقتا في مؤتمر سان ريمو في ٢٥ نيسان عام ١٩٢٠ على فرض الانتداب الفرنسي على سورية ولبنان، وفرض الانتداب البريطاني على العراق وفلسطين وشرق الأردن. وعلى الرغم من المقاومة العربية للمخططات الاستعمارية، فان المستعمر قد فرض أمرا واقعا بالقوة، نتيجة للتفوق العسكري

الذي أحرزه على المجاهدين العرب في معارك كثيرة، كان آخرها معركة ميسلون في ٢٤ تموز عام ١٩٢٠م.

وقبيل انهيار الحكم العربي في سوريا، كانت القوات البريطانية قد انسحبت من جميع الأراضي السورية، واحتل الفرنسيون دمشق ولكن قواتهم لم تدخل الأراضي الأردنية فبقيت خالية من أي قوة أجنبية، وعندما تقرر وضع شرقي الأردن تحت النفوذ البريطاني تنفيذا لاتفاقية سايكس بيكو، عين المندوب السامي البريطاني في فلسطين عددا من ضباطه لإدارة المناطق في شرق الأردن.

وقد جاءت اتفاقية "أم قيس" التي عقدت في اجتماع تم بين وفد من الأهالي في المنطقة الشمالية وبين احد هؤلاء الضباط في ٢ أيلول عام ١٩٢٠ لتشكل أول برنامج سياسي وطني في شرق الأردن، إذ طالب الأهالي في ذلك الاجتماع بتشكيل حكومة عربية في البلاد مستقلة عن حكومة الانتداب في فلسطين، كما طالبوا بانضمام شرقي الأردن إلى البلاد السورية حينما تتحقق وحدتها، وبمنع الهجرة اليهودية إلى المنطقة وتحريم بيع الأراضي لليهود.

والاحتلال البريطاني لفلسطين، ولكن السنوات الأربع التالية شهدت صراعا مريرا بين ما تمثله الحكومة الجديدة من تطلعات قومية وسعي إلى تحرير سورية، وبين مصالح بريطانيا وفرنسا في المنطقة، وانتهى هذا الصراع في أواخر آب عام ١٩٢٤م، ببسط سيطرة سلطات الانتداب البريطاني على الأمور الإدارية والمالية والعسكرية في الأردن، ومطاردة تلك السلطات لرجالات حزب الاستقلال وإبعادهم عن البلاد.

وعلى الرغم من اعتراف بريطانيا باستقلال إمارة شرق الأردن في ٢٥ أيار عام ١٩٢٣م، ووعدها بعقد اتفاقية لتثبيت العلاقة بين البلدين وتحديد الوضع الدستوري للبلاد، فان المعاهدة البريطانية الأردنية الأولى التي عقدت في ٢٠ شباط عام ١٩٢٨م، لم تحقق مطالب الأردنيين في دولة مستقلة كاملة السيادة، مما أثار

استياء الشعب الأردني وسخطه على تلك المعاهدة وأدى به إلى السعي لعقد أول مؤتمر وطني للنظر في بنود المعاهدة والاتفاق على خطة للعمل السياسي، فانعقد ذلك المؤتمر في عمان في ٢٥ تموز عام ١٩٢٨م، وشارك فيه عدد كبير من شيوخ البلاد ورجالاتها وأصحاب الرأي فيها، واعتبر المؤتمر نفسه ممثلا شرعيا للشعب الأردني، كما انبثقت عنه لجنة تنفيذية تولت قيادة الحركة الوطنية الأردنية، واصدر "الميثاق الوطني الأردني"، فكان أول وثيقة سياسية وطنية ذات برنامج محدد، وقد شكل هذا الميثاق علامة سياسية فارقة في تاريخ النضال الوطني والسياسي الأردني، حددت فيه الثوابت السياسية للإمارة في تلك المرحلة ونص في بنوده الأساسية على أمور مهمة من أبرزها:

١. أن إمارة شرق الأردن دولة عربية مستقلة ذات سيادة بحدودها الطبيعية المعروفة، تدار بحكومة دستورية مستقلة برئاسة صاحب السمو الملكي الأمير عبدالله بن الحسين المعظم وأعقابه من بعده.

٢. عدم الاعتراف بمبدأ الانتداب إلا كمساعدة فنية نزيهة لمصلحة البلاد، وعلى أن تحدد هذه المساعدة بموجب اتفاق أو معاهدة تعقد بين شرقي الأردن وبريطانيا على أساس الحقوق المتقابلة والمنافع المتبادلة دون أن يمس ذلك بالسيادة القومية.

٣. اعتبار وعد بلفور القاضي بإنشاء وطن قومي لليهود بفلسطين مخالفا لعهود بريطانيا ووعودها الرسمية للعرب وتصرفا مضادا للشرائع الدينية والمدنية في العالم.

٤. كل انتخاب للنيابة العامة يقع في شرقي الأردن على غير قواعد التمثيل الصحيح وعلى أساس عدم مسؤولية الحكومة أمام المجلس النيابي لا يعتبر انتخابا ممثلا لإرادة الأمة وسيادتها القومية ضمن القواعد الدستورية، بل

يعتبر انتخابا مصطنعا ليس له قيمة تمثيلية صحيحة، والأعضاء الذين ينتخبون على أساسه إذا بتوا في حق سياسي أو مالي أو تشريعي ضار بحقوق شرقي الأردن الأساسية لا يكون لبتهم قوة الحق الذي يعترف به الشعب، بل يكون جزءا من تصرف سلطة الانتداب وعلى مسؤوليتها.

٥. رفض كل تجنيد لا يكون صادرا عن حكومة دستورية مسؤولة باعتبار أن التجنيد جزء لا يتجزأ من السيادة الوطنية، ورفض تحمل نفقات أي قوة أجنبية محتلة، واعتبار كل مال يفرض عليها من هذا القبيل مالا مغتصبا من عرق عاملها المسكين وفلاحها البائس، واعتبار كل تشريع استثنائي لا يقوم على أساس العدل والمنفعة العامة وحاجات الشعب الصحيحة تشريعا باطلا، وعدم الاعتراف بكل قرض مالي وقع قبل تشكيل المجلس النيابي، وعدم جواز التصرف بالأراضي الأميرية قبل عرضها على المجلس النيابي وتصديقه عليها واعتبار كل بيع وقع قبل انعقاد المجلس بيعا باطلا.

وقد حكمت هذه المبادئ الهامة النضال السياسي للشعب الأردني لسنوات متعددة لاحقة، حتى أبرمت المعاهدة البريطانية الأردنية الثانية في ١٧ حزيران عام ١٩٤٦م، واعترفت بريطانيا بموجبها باستقلال شرقي الأردن باسم المملكة الأردنية الهاشمية. وفور توقيع المعاهدة الجديدة بالأحرف الأولى في ٢٢/آذار عام ١٩٤٦م، اتخذت المجالس البلدية في المملكة قرارات عبرت فيها عن رغبة أبناء الشعب الأردني ومطالبته بإعلان الاستقلال على أساس النظام الملكي النيابي، كما اجتمع المجلس التشريعي الأردني في ٢٥ أيار عام ١٩٤٦م، وقرر بالإجماع إعلان البلاد الأردنية دولة مستقلة استقلالا تاما وذات حكومة ملكية وراثية نيابية، وإعلان البيعة بالملك لعبدالله بن الحسين بوصفه ملكا دستوريا على رأس الدولة الأردنية

بلقب حضرة صاحب الجلالة (ملك المملكة الأردنية الهاشمية) وإقرار تعديل القانون الأساسي الأردني على هذا الأساس.

وبذلك بدأت أركان الدولة الأردنية تتوطد تدريجيا، واخذ الوعي السياسي والاجتماعي والاقتصادي للشعب الأردني يتعمق ويتعاظم باستمرار، وجعل الشعب يطالب بالمشاركة في صنع القرارات السياسية، والسير نحو النهج الديموقراطي، وإقامة الحياة النيابية، وضرورة إنهاء الوجود البريطاني الاستعماري، وتصفية آثاره في السياسات الأردنية الداخلية وفي علاقات الأردن العربية والدولية.

ونتيجة لوعد بلفور، وإصرار بريطانيا على المضي قدما في تنفيذه بإقامة وطن قومي لليهود في فلسطين، أخذت الأوضاع على الساحة الفلسطينية تتدهور بسرعة، واخضع الشعب العربي الفلسطيني لحكم الطوارئ، وقمعت القوات البريطانية انتفاضاته المتلاحقة وثوراته المسلحة بمنتهى العنف، وحالت دون استقلال فلسطين وإقامة الدولة الفلسطينية، وفي الوقت نفسه فتحت أبواب فلسطين للهجرة اليهودية المدنية والعسكرية والسياسية، ودربت قوة يهودية مقاتلة ضمن الجيش البريطاني في الحرب العالمية الثانية. وعندما صدر قرار الجمعية العامة للأمم المتحدة رقم ١٨١ في ٢٩ تشرين الثاني عام ١٩٤٧، القاضي بتقسيم فلسطين بين العرب واليهود، وأعلن انتهاء الانتداب البريطاني على فلسطين في ١٥ أيار عام ١٩٤٨م، كانت الوكالة اليهودية تملك جميع مقومات الدولة، في حين كان الشعب الفلسطيني منزوع السلاح يرزح تحت نير الإرهاب والبطش، وكانت الأنظمة العربية الخاضعة في ذلك الوقت للنفوذ الاستعماري تمنع السلاح عن الشعب الفلسطيني، فاستطاع اليهود بالتواطؤ مع بريطانيا، احتلال ثلاثة أرباع فلسطين بالقوة العسكرية وإقامة دولتهم عليها، وتم تهجير عدد كبير من الفلسطينيين تهجيرا قسريا.

وعندما دخلت الجيوش العربية فلسطين، كان الجيش العربي الأردني من ضمنها فشارك في العمليات العسكرية ضد القوات الإسرائيلية ببسالة مشهودة، واستطاع أن يحافظ على المناطق الفلسطينية التي سميت فيما بعد بالضفة الغربية من المملكة، وكان دفاعه عن القدس مجيدا مشرفا، وبلغ عدد شهداء الجيش الأردني في تلك المعارك حوالي ثلاثمائة وسبعين شهيدا، فضلا عن ألف جريح، ولم يكن عدد أفراد الجيش كله في ذلك الوقت يتجاوز خمسة آلاف رجل بأسلحة بسيطة وذخائر محدودة وبقيادة بريطانية مباشرة، كما شارك المتطوعون الأردنيون في القتال جنبا إلى جنب مع المناضلين من أبناء فلسطين وإخوانهم العرب الذين جاءوا للدفاع عن عروبة فلسطين.

وكان التحام الأردنيين والفلسطينيين مرة أخرى من أهم التطورات التي طرأت بعد حرب عام١٩٤٨ إذ توحدت ضفتا الأردن ضمن إطار المملكة الأردنية الهاشمية واصدر مجلس الأمة الأردني الممثل للضفتين قراره التاريخي بتأييد هذه الوحدة في ٢٤ نيسان عام ١٩٥٠م.

وتلاحقت التطورات السياسية في البلاد، كما استمر تطور المؤسسات فيها، إذ اصدر الملك طلال الأول الدستور الأردني الجديد بعد أن اقره مجلس الأمة في كانون الثاني عام ١٩٥٢م. ونص هذا الدستور على أن الشعب الأردني جزء من الأمة العربية وان نظام الحكم في المملكة نيابي ملكي وراثي وان الأمة هي مصدر السلطات.

وفي الحادي عشر من شهر آب عام ١٩٥٢م، نودي بالحسين ملكا للمملكة الأردنية الهاشمية، وعندما تسلم جلالة الملك سلطاته الدستورية في الثاني من أيار عام ١٩٥٣م، اخذ التوجه الديموقراطي يتعزز في البلاد، واتسمت مرحلة الانفتاح على الشعب بالتطلع العام نحو مزيد من الحريات والنزوع إلى بناء مؤسسات الدولة

العصرية وتحديثها، كما تواصلت مسيرة التطور الاقتصادي والسياسي الفكري ونشطت الحركات السياسية الأردنية وانتعشت معها الحياة الحزبية. وفي عام ١٩٥٤م، اجري التعديل على الدستور لتعزيز التوجه الديموقراطي وبموجب هذا التعديل الذي أصبح نافذ المفعول في الأول من تشرين الثاني عام ١٩٥٥، أصبحت الحكومة مسؤولة أمام مجلس النواب وترتب عليها أن تقدم بيانها الوزاري إلى المجلس وان تطلب الثقة على أساسه.

وفي الأول من آذار عام ١٩٥٦م، قام جلالة الملك الحسين بتعريب قيادة الجيش وإقصاء الضباط البريطانيين عنه وكانت هذه الخطوة انجازا كبيرا أكد مفهوم السيادة الوطنية والقومية وعزز التحام الشعب الأردني بقيادته الوطنية وجاءت انسجاما مع حرص الحسين وتصميمه منذ تسلم سلطاته الدستورية على تحقيق حرية الأردن وتنمية استقلاله واستجابة لتطلعات الشعب الأردني وجيشه في التحرر من التبعية الأجنبية.

وقد تلا هذا الحدث تأميم قناة السويس فوقف الأردن حكومةً وشعباً إلى جانب مصر العربية حين تعرضت للعدوان الثلاثي الإسرائيلي الفرنسي البريطاني عام ١٩٥٦م.

وفي أواخر عام ١٩٥٦م، أجريت أول انتخابات أردنية على أساس التعددية الحزبية والسياسية وتألفت وزارة برلمانية تحقق في عهدها توقيع اتفاقية التضامن العربي في كانون الثاني عام ١٩٥٧م، وإنهاء المعاهدة البريطانية الأردنية في ١٣ آذار من العام نفسه، وجلاء القوات البريطانية عن البلاد. ولكن هذه المرحلة لم تستمر طويلا إذ تعثرت التجربة الديموقراطية لأسباب داخلية وخارجية مختلفة.

وعندما شنت إسرائيل الحرب على الدول العربية في الخامس من حزيران عام ١٩٦٧م، وبدا هجومها على مصر خاض الأردن الحرب التزاما بميثاق جامعة

الدول العربية ومعاهدة الدفاع العربي المشترك وبقيادة عربية موحدة دون أي اعتبار آخر، وقد جاء احتلال إسرائيل للضفة الغربية من المملكة وللجولان وسيناء ضربة قاصمة كان لها ابلغ الأثر في مجمل أوضاع الأردن وفي الوطن العربي كله.

وكانت "معركة الكرامة" في ٢١ آذار عام ١٩٦٨م، منعطفا بارزا لوقف حالة التردي والهزيمة وبرهانا على أن وحدة الصف والتضحية والتصميم على الصمود هي التي تصنع النصر وتبدد أسطورة العدو الذي لا يقهر.

ولم تقف أحداث أيلول المؤلمة التي تفجرت على الساحة الأردنية عام ١٩٧٠ حائلا دون استمرار وحدة الشعب الأردني وحفاظه على الاستقرار، إذ أن أصالته وإدراكه العميق لمخاطر الانقسام والتشتت، مكنت جميع أبنائه من راب الصدع وتجاوز تلك الأحداث.

وجاء قيام" الاتحاد الوطني العربي" في البلاد وإعلان ميثاقه عام ١٩٧١ محاولة للإصلاح وسد الفراغ السياسي إلا أن الاتحاد قد اقتصر على تنظيم سياسي وحيد ولم يكن مهيأ بطبيعته لاستيعاب القوى السياسية المختلفة ومشاركتها على أساس التعددية الحزبية وقد تمت تصفيته وإلغاء قانونه.

ونتيجة للاستقرار وازدياد الوعي السياسي العام لدى المواطنين الأردنيين وما شهدته البلاد من تحولات اقتصادية واجتماعية كبيرة فقد دخل الأردن منذ منتصف عقد السبعينات مرحلة جديدة تحققت خلالها انجازات هامة. كان من أبرزها إقامة عدد من المشاريع الإنتاجية الكبيرة واستكمال إقامة معظم البنى الأساسية في المملكة كما حقق الاقتصاد معدلات نمو عالية وحدث توسع كبير في التعليم شمل معظم مناطق المملكة. وانتشر التعليم الجامعي. غير أن هذه التحولات لم يواكبها تطور سياسي بالمستوى نفسه وكان لغياب المشاركة الشعبية والانفراد في اتخاذ القرار السياسي والاقتصادي اثر كبير في تراجع الأداء العام في السنوات الأخيرة وفقدان الثقة بين

المواطنين ومؤسسات الدولة بالإضافة إلى عوامل وأسباب اقتصادية ومالية داخلية أخرى. وعدم وفاء بعض الحكومات العربية بالتزاماتها المالية التي تقررت للأردن في قمة بغداد عام ١٩٧٨ في الوقت الذي زادت فيه أعباء الدفاع وقد اعتمد الأردن على أن الأمة العربية لا يمكن أن تتخلى عنه و هو يقف على أطول خط للمواجهة مع إسرائيل المدعومة باستمرار وسخاء من اليهودية العالمية والولايات المتحدة الأمريكية وسواها، وقد تضافرت هذه العوامل والأسباب جميعا فأدت إلى اتساع الخلل وتفاقمه في نهاية الثمانينات وكانت النتيجة الحتمية لذلك كله تفجر الأزمة السياسية والاقتصادية التي مست معظم فئات الشعب الأردني وأدت إلى وقوع أحداث الجنوب في نيسان عام ١٩٨٩ ونشوء حالة من التوتر عمت بقية أنحاء المملكة.

وقد شكلت هذه الأحداث - على اختلاف المعايير - نقطة تحول هامة في الأوضاع العامة في البلاد وكانت بداية مراجعة شاملة للسياسات والمواقف والممارسات الرسمية والشعبية على جميع المستويات فقرر جلالة الملك الإسراع في استئناف الحياة النيابية التي انقطعت بعد قرار فك الارتباط بالضفة الغربية في ٣١ تموز عام ١٩٨٨ وأجريت الانتخابات العامة في أواخر عام ١٩٨٩ فتحقق بذلك قيام الركن الأول في صرح البناء الديموقراطي وبدأت مرحلة التحول السلمي نحو الديموقراطية وشهدت البلاد انفراجا سياسيا سادت فيه روح الانفتاح والمصارحة والتواصل بين المواطنين ومؤسسات الدولة كما شهدت حوارا سياسيا واسعا شارك فيه أصحاب الرأي والفكر والقادة السياسيون وجميع فئات الشعب، وتكونت بذلك حالة ديموقراطية عبرت بمختلف الأساليب عن تلاقي إرادات أبناء الشعب الأردني وقيادته العليا على ضرورة الإصلاح العميق الشامل والبناء في جميع الميادين.

٢- نص الميثاق الوطني:

- الفصل الأول

الميثاق - أسباب وأهداف

واستكمالا لمسيرة البناء الأردنية وتعزيزا لها اصدر جلالة الملك توجيها ساميا بتشكيل لجنة ملكية لصياغة ميثاق وطني، يرسي قواعد العمل الوطني العام ويحدد مناهجه، ويوضح معالم الطريق إلى المستقبل ويضع نواظم عامة لممارسة التعددية السياسية باعتبارها الركن الآخر للديموقراطية بالاستناد إلى الثوابت الدستورية والتراث السياسي والوطني، والى الحقائق القائمة في المجتمع الأردني، وبما يضمن استمرار مسيرة التقدم الوطنية والتحول الديموقراطي في البلاد ويجنبها التعثر والتراجع.

وقد نص الدستور الأردني على جملة من الثوابت والقواعد العامة، التي تنظم أسلوب الحكم في المملكة الأردنية الهاشمية، وتعامل الشعب الأردني مع هذه الثوابت والقواعد منذ قيام الدولة الأردنية وتوطد أركانها واعتبرها مسلمات لا اختلاف فيها لأنها نابعة من صميم قناعاته ووجدانه ومصلحته، وتتمثل تلك الثوابت والقواعد في الاعتزاز بالهوية القومية للشعب الأردني نسبا وانتماء إلى الأمة العربية والإيمان بالإسلام دينا للدولة وحضارة وثقافة للشعب.

ولما كان الالتزام بهذه الثوابت والقواعد من شأنه أن يجعل استمرار النضال الأردني الوطني والقومي نحو مستقبل أفضل مهمة أساسية ملقاة على عاتق الحكم والشعب على حد سواء.

ولما كان استمرار التلاحم بين القيادة والشعب من أهم الضمانات لتحقيق الأهداف الوطنية والقومية.

ولما كانت المرحلة التاريخية التي يجتازها الأردن والوطن العربي بعامة، حافلة بالتحديات والأخطار التي تهدد مصير الأمة، وتنذر بالهيمنة على إرادتها وحريتها

وإفقادها القدرة على مواكبة التقدم العلمي والحضاري ومنعها من استثمار مواردها لمصلحة أبنائها ومن مشاركتها الأمم الأخرى في بناء مستقبل أفضل للإنسانية كلها،

ولما كان المواطن العربي الأردني يتطلع إلى النهوض والى توفير أسباب القوة اللازمة للدفاع عن وطنه وضمان أمن المجتمع الذي ينتمي إليه ويتحلى بإحساس مرهف بالمسؤولية وإدراك عميق لأهمية مشاركته في صنع مستقبله ومستقبل أبنائه، ضمن اطر ديموقراطيه وقواعد مؤسسية راسخة مستقرة.

ولما كان مضمون الديموقراطية يتعزز بتأكيد حقوق الإنسان المعترف بها دوليا وإنسانيا وضمان حقوق المواطنة التي كفلها الدستور الأردني وهى الحقوق التي كفلها الدستور الأردني وهى الحقوق التي حفل بها تراثنا العربي الإسلامي العظيم وأكدها وكرمها تكريما شديدا بما في ذلك حق الناس في الاختلاف في الرأي وحق المواطن رجلا كان أو امرأة في تغيير أوضاعه وتحسين أحواله بالطرق المشروعة وحقه في التعبير عن رأيه وفيما يراه ضروريا لمصلحة الجماعة بالوسائل الديموقراطية وبما يتيح له المشاركة في صنع القرار.

لذلك كله فان الخيار الديموقراطي هو أنجع السبل وأكثرها ملائمة لتلبية طموحات الشعب الأردني وتطلعاته الوطنية والقومية والإنسانية وان التوافق في الرأي على هذه المنطلقات بين جميع الفئات والاتجاهات الشعبية والرسمية بمختلف مستوياتها قد تم على جملة من المفاهيم والقيم والمبادئ الأساسية، والأهداف الوطنية والقومية التي يتضمنها هذا الميثاق، والتي يجب أن تحكم المسيرة العامة للبلاد وتنظم العلاقات بين جميع الأطراف الوطنية الرسمية والشعبية في المجتمع، وان هذا التوافق الوطني يعتبر انجازا حضاريا متقدما، ومشروعا مستقبليا شاملا تتحدد ملامحه ومرتكزاته من خلال الأسس والحقائق والثوابت التالية:

أولا: نظام الحكم في المملكة الأردنية الهاشمية نيابي ملكي وراثي، والتزام الجميع بالشرعية واحترام الدستور نصا وروحا هو تمكين لوحدة الشعب والقيادة.

ثانيا: الشعب الأردني جزء من الأمة العربية، والوحدة العربية هي الخيار الوحيد الذي يحقق الأمن الوطني والقومي للشعب العربي في جميع أقطاره ويحمي الاستقرار الاقتصادي والنفسي لامتنا ويضمن لها أسباب البقاء والنهوض والاستمرار.

ثالثا: الإيمان بالله، واحترام القيم الروحية والتمسك بالمثل العليا والتسليم بحق كل إنسان في الحياة الحرة الكريمة هي منطلقات أساسية في بناء الدولة وتطور المجتمع الأردني نحو الأفضل.

رابعا: الإسلام دين الدولة والشريعة الإسلامية هي المصدر الرئيسي للتشريع فيها.

خامسا: الحضارة العربية الإسلامية المنفتحة على الحضارة الإنسانية هي قوام هوية الشعب الأردني الوطنية والقومية وركيزة من ركائز وحدته واستقلاله وتقدمه في مواجهة الانقسام والتبعية والغزو الثقافي بجميع أشكاله وهى منبع القيم الأصيلة التي يسعى المجتمع الأردني إلى ترسيخها بالعلم والمعرفة والتربية السليمة والقدوة الصالحة.

سادسا: اللغة العربية هي اللغة الرسمية للدولة وهى لغة القران الكريم الذي حفظ للعروبة جوهرها الأصيل، مما يقتضي تأكيد سيادتها في المجتمع الأردني على كل المستويات واعتمادها في جميع مراحل التعليم، والاهتمام بإيجاد حركة ترجمة وتعريب تواكب تقدم العلوم المتسارع مع الحرص على تعلم اللغات الحية الأخرى وتعليمها.

سابعا: احترام العقل والإيمان بالحوار والاعتراف بحق الآخرين في الاختلاف في الرأي واحترام الرأي الآخر، والتسامح ورفض العنف السياسي والاجتماعي، هي سمات أساسية للمجتمع الأردني ويبنى على ذلك انه لا إكراه في الدين ولا تعصب ولا طائفية ولا إقليمية.

ثامنا: الأردنيون رجالا ونساء أمام القانون سواء لا تمييز بينهم في الحقوق والواجبات وان اختلفوا في العرق أو اللغة أو الدين. وهم يمارسون حقوقهم الدستورية ويلتزمون بمصلحة الوطن العليا وأخلاق العمل الوطني، بما يضمن توجيه طاقات المجتمع الأردني وإطلاق قدراته المادية والروحية لتحقيق أهدافه في الوحدة والتقدم وبناء المستقبل.

تاسعا: ترسيخ دعائم دولة القانون وسيادته وتعميق النهج الديموقراطي القائم على التعددية السياسية من واجبات مؤسسات الدولة وأفراد المجتمع الأردني وهيئاته كافة.

عاشرا: التعددية السياسية والحزبية والفكرية هي السبيل لتأصيل الديموقراطية وتحقيق مشاركة الشعب الأردني في إدارة شؤون الدولة وهي ضمان للوحدة الوطنية وبناء المجتمع المدني المتوازن.

حادي عشر: الانتماء الوطني التزام بحرية المواطنين جميعا وحماية أمن الوطن واستقلاله وتقدمه، وممارسة فعلية لصون الوحدة الوطنية وتأكيد سيادة الشعب الأردني على ترابه الوطني، والحفاظ على كرامة أبنائه بعيدا عن كل أنواع التمييز والتعصب والانغلاق.

ثاني عشر: الاستقلال الوطني يقتضي تحرير الإرادة الوطنية من الهيمنة والضغوط الخارجية المختلفة وهو يتحقق ويصان بالحضور الدائم للإرادة السياسية الوطنية وفاعليتها على جميع المستويات مما يستوجب تطوير المؤسسات والنظم وامتلاك أساليب التحديث ومناهج التقدم الملائمة لمواجهة تحديات المستقبل، مع الحفاظ على تقاليد المجتمع العربي الأردني الخيرة والاعتزاز بتراثه الأصيل.

ثالث عشر: القوات المسلحة الأردنية سياج الوطن ودرعه وضمان أمنه واستقلاله والجيش العربي طليعة من طلائع التحرير والدفاع عن الكرامة العربية، وان قوة

الجيش وقدرته يستوجبان أن يكون المواطنون والجيش الشعبي ظهيرا فعالا لتعزيز الأمن الوطني والقومي. ويقع على عاتق الدولة والمجتمع دعم قدرات الجيش واستعداده وتوفير أفضل الظروف لتطويره.

رابع عشر: الاقتصاد الوطني المتحرر من التبعية دعامة حقيقية من دعائم استقلال الوطن وأمنه وتقدمه، وهو يتحقق بالاعتماد على الذات وتطوير القدرات الوطنية الكامنة وترشيد استثمار ثروات الوطن وموارده وتقوية قاعدة الإنتاج بجميع عناصرها وتوفير الإدارة المقتدرة والعمل على استقرار التشريعات الاقتصادية الأساسية وتكاملها، ضمن إطار العدالة الاجتماعية.

خامس عشر: تحقيق متطلبات العدالة الاجتماعية للأردنيين كافة بتوسيع مظلة التأمينات الاجتماعية المختلفة، وتطوير تشريعات العمل وتقليص الفجوة بين الدخول بما يحقق التوازن والسلام الاجتماعي ويوفر الأمن والاستقرار في المجتمع.

سادس عشر: احترام حقوق الإنسان وتعميق النهج الديموقراطي وضمان التنمية واستمرار توازنها وتحقيق الكفاية الإدارية في المملكة أهداف وطنية أساسية تقتضي العمل على وحدة النظام الإداري للدولة الأردنية وربط الهيئات المحلية بالسلطات المركزية لأغراض التوجيه والرقابة، وتقوية البناء الاجتماعي والسياسي والاقتصادي للدولة بتعزيز مفهوم الإدارة المحلية في الأقاليم والمحافظات، بما يوفر الفرص العملية لممارسة الشعب حقه في إدارة شؤونه بنفسه، ويضمن استمرار التعاون بين الجهود الحكومية والأهلية وتوثيقها، ويؤدي إلى ترسيخ العمل الديموقراطي وتمكين المواطنين من المشاركة وتحمل المسؤولية في إطار من التوازن بين الحقوق والواجبات.

سابع عشر: الجامعات الأردنية جزء هام من مؤسسات الوطن وينبغي أن تكون منارات للإشعاع الفكري والتقدم العلمي مما يقتضي توفير الحرية الأكاديمية لها

وضمان ممارسة هذه الحرية، وتطوير مناهجها وانفتاحها المستمر على آفاق المعرفة والبحث العلمي ووسائله، وربط دورها بتطور المجتمع الأردني وحاجاته وتهيئتها للإسهام في بناء مؤسسات الوطن وتعليم أبنائه وتأهيلهم لمواجهة مشكلات العصر وتحديات المستقبل.

ثامن عشر: عقد التسعينات عقد حاسم للأردن وللوطن العربي ولا بد من تمكين امتنا من مواصلة صحوتها واستكمال عناصر قوتها وتضامنها لمواجهة متطلبات المرحلة وتحديات القرن الحادي والعشرين المتمثلة في ثورة الديموقراطي، ة وحقوق الإنسان، وقيام التكتلات الاقتصادية الكبيرة، وثورة التقنية المتقدمة والمعلوماتية.

- **الفصل الثاني**

دولة القانون والتعددية السياسية

أولا: دولة القانون:

١. دولة القانون هي الدولة الديموقراطية التي تلتزم بمبدأ سيادة القانون وتستمد شرعيتها وسلطاتها وفاعليتها من إرادة الشعب الحرة كما تلتزم كل السلطات فيها بتوفير الضمانات القانونية والقضائية والإدارية لحماية حقوق الإنسان وكرامته وحرياته الأساسية التي أرسى الإسلام قواعدها وأكدها الإعلان العالمي لحقوق الإنسان وجميع المواثيق الدولية والاتفاقيات الصادرة عن الأمم المتحدة بهذا الخصوص.

٢. إن الدولة الأردنية هي دولة القانون بالمفهوم العصري الحديث للدولة الديموقراطية، وهى دولة المواطنين جميعا مهما اختلفت آراؤهم أو تعددت اجتهاداتهم، وهى تستمد قوتها من التطبيق الفعلي المعلن لمبادئ المساواة والعدل وتكافؤ الفرص، وإتاحة المجال العملي للشعب الأردني، للمشاركة في صنع القرارات المتعلقة بحياته وشؤونه، بما يحقق للمواطنين الاستقرار

النفسي والاطمئنان والثقة بالمستقبل، والغيرة على مؤسسات الدولة والاعتزاز بشرف الانتماء إلى الوطن.

ثانيا: المرتكزات الأساسية لدولة القانون.

١. الالتزام بأحكام الدستور نصا وروحا في أعمال السلطات التشريعية والتنفيذية والقضائية في إطار أولوية الحق.
٢. الالتزام بمبدأ سيادة القانون في إطار الرقابة الكاملة للسلطة القضائية المستقلة.
٣. الالتزام في ممارسة الديموقرطية بمبادئ العدالة الاجتماعية ومقتضياتها.
٤. التأكيد على أن تكون القوانين العامة وقوانين الأحزاب والانتخابات والمطبوعات الخاصة ملتزمة باحترام حقوق المواطن الأساسية وحرياته العامة.
٥. اعتماد أسلوب الحوار الديموقراطي في التعبير عن الرأي بعيدا عن كل أساليب الضغط وأشكال الإرهاب الفكري على جميع الأصعدة الرسمية والشعبية.
٦. قيام المؤسسات الحكومية جميعا بواجبها في التعامل مع المواطنين والهيئات وتقديم الخدمات لهم، على أساس من المساواة التامة وعدم استغلال أي جماعة أو حزب أو تنظيم تلك المؤسسات لتحقيق أغراض سياسية أو حزبية سواء أكانت تلك المؤسسات مدنية أو عسكرية دون أن يشكل ذلك انتقاصا من حق المواطنين في التنظيم السياسي واعتبار ذلك كله شرطا أساسيا لنجاح النهج الديموقراطي.

وتعزيزا للمرتكزات المبينة أعلاه ولترسيخ البنيان الديموقراطي للدولة والمجتمع الأردني ينبغي العمل على تحقيق ما يلي:

١. إنشاء هيئة مستقلة باسم ديوان المظالم بموجب قانون خاص، يتولى التفتيش الإداري ويراقب أداء الإدارة وسلوك أشخاصها، ويرفع تقاريره إلى مجلس الأمة ومجلس الوزراء وفقا لأحكام الدستور والقوانين والأنظمة المرعية، دون أي مساس باستقلال القضاء واختصاصاته.

٢. إنشاء هيئة مستقلة بموجب قانون خاص لتحديث التشريعات وتطويرها استنادا إلى الأبحاث والدراسات اللازمة لذلك، وترفع الهيئة تقاريرها بشأن ماتقدم إلى مجلس الأمة ومجلس الوزراء.

٣. إنشاء محكمة دستورية تتولى الاختصاصات التالية:

١. تفسير أحكام الدستور الأردني في ما يحيله مجلس الوزراء إليها من أمور.

٢. الفصل في ما تحيله المحاكم إليها من إشكالات دستورية في قضايا مرفوعة أمام تلك المحاكم.

٣. الفصل في المنازعات والطعون المتعلقة بدستورية القوانين والأنظمة الخاصة بالدعاوى التي يقيمها أصحاب المصلحة لديها. وفي جميع الأحوال المنصوص عليها في الفقرات السابقة يقتصر اختصاص المحكمة الدستورية على بيان الحكم الدستوري ويكون حكمها نهائيا وملزما لجميع سلطات الدولة وللكافة.

٤. توحيد التشريعات المتعلقة بحالتي الطوارئ ،والطوارئ الخطيرة ،المنصوص عليهما في الدستور ومعالجتهما بقانون واحد يخضع فيه قرار مجلس الوزراء بقيام أي من الحالتين السابقتين ومدة سريان كل منهما، لموافقة مجلس الأمة. وفي جميع الحالات تخضع القرارات الإدارية التي تصدر بموجب تلك التشريعات لرقابة محكمة العدل العليا.

٥. رد صلاحيات مجلس الوزراء التشريعية المنصوص عليها في المادتين (١٢٠،١١٤) من الدستور والمتعلقة بأنظمة الأشغال الحكومية واللوازم والخدمة المدنية إلى مجلس الأمة.

٦. إخضاع موازنات المؤسسات العامة لموافقة مجلس الأمة وإخضاع موازنات الشركات المختلطة إلى الرقابة اللاحقة لمجلس الأمة في الحالات التي تبلغ مساهمة المال العام خمسين بالمائة فما فوق.

٧. العمل على إجراء التعديلات الدستورية اللازمة بما يلبي متطلبات التطور، وإلغاء الأحكام الدستورية التي فقدت مسوغات وجودها.

ثالثا: ضمانات النهج الديموقراطي:

إن من أهم ضمانات النهج الديموقراطي وتحقيق التعددية السياسية الالتزام بالمبادئ التالية:

١. احترام قواعد العمل الديموقراطي في السلوك العام للتنظيمات والأحزاب السياسية الأردنية باعتبار ذلك ضمانا للعدل والاستقرار.

٢. ترسيخ قيم التسامح والموضوعية ،واحترام معتقدات الغير، والنأي بالممارسات السياسية والحزبية عن الصراعات الشخصية الضيقة وعن تجريح الأشخاص والهيئات.

٣. ضمان الحريات الأساسية لجميع المواطنين بما يحمي مرتكزات المجتمع الديموقراطي وحقوق الفرد، ويكفل التعبير عن الرأي وإعلانه بحرية كاملة، في إطار الدستور.

٤. تحقيق المساواة والعدالة وتكافؤ الفرص بين المواطنين رجالا ونساء دون تمييز.

٥. الحفاظ على الصفة المدنية والديموقراطية للدولة. واعتبار أي محاولة لإلغاء هذه الصفة أو تعطيلها باطلة من أساسها، لأنها تشكل تعديا على الدستور وانتهاكا لمبدأ التعددية ومفهومها.

رابعا: قواعد تنظيم الأحزاب وضوابطها:

١. للأردنيين الحق في تأليف الأحزاب والتنظيمات السياسية والانضمام إليها، على أن تكون غاياتها مشروعة ووسائلها سلمية ونظمها لا تخالف أحكام الدستور. على انه لا يجوز أن تنطوي القوانين الناظمة لعمل الأحزاب على أحكام تؤدي صراحة أو ضمنا إلى تعطيل الحق الدستوري في تأسيس الأحزاب السياسية.

٢. يقوم العمل السياسي والحزبي في الأردن على مبدأ التعددية في الفكر والرأي والتنظيم، وعلى توفير متطلبات التنافس الديموقراطي ووسائله المشروعة.

٣. يجب على الحزب الإعلان والإشهار لنظاميه الأساسي والداخلي اللذين يحددان أهداف الحزب وموارده المالية، وبرامجه السياسية والاقتصادية والاجتماعية والثقافية.

٤. يعود للقضاء وحده الحق في البت في أي مخالفة لها علاقة بتطبيق قانون الأحزاب.

٥. تلتزم الأحزاب السياسية الأردنية في تنظيماتها الداخلية وفي برامجها وتوجيهاتها وممارساتها ونشاطاتها العامة والحزبية بالمبادئ التالية:

أ. اعتماد الأساليب الديموقراطية في التنظيم الداخلي للحزب، وفي اختيار قياداته، وممارسة نشاطاته، في إطار الحوار الديموقراطي، والتنافس الحر بين الأحزاب السياسية). ويطبق ذلك على علاقات الحزب وتعامله مع الأحزاب والتنظيمات السياسية الأخرى، ومع المؤسسات الشعبية والدستورية في إطار احترام الرأي والرأي الآخر.

ب. عدم ارتباط قيادة الحزب وأعضائه تنظيميا أو ماليا بأي جهة غير أردنية، وعدم جواز توجيه النشاط الحزبي أو التنظيمي بناء على أوامر أو توجيهات من أي دولة أو جهة خارجية.

ومع الالتزام بما ورد في هذه الفقرة وبجميع قواعد تنظيم الأحزاب وضوابطها، يعتبر ما يرد في النظامين الأساسي والداخلي لأي حزب أردني مرخص وفي برامجه من اجل فلسطين والوحدة العربية والتضامن الإسلامي عملا وطنيا أردنيا.

ج. التزام أي حزب يتولى المسؤولية الوزارية أو يشارك فيها بمبدأ المساواة وتكافؤ الفرص بين جميع المواطنين، واعتماد الكفاية والأهلية معيارا أساسيا لتقلد الوظائف العامة.

د. اعتماد الأحزاب في مواردها المالية على مصادر أردنية محلية معروفة معلنة محددة، تخضع للتدقيق المحاسبي والرقابة القانونية بالطريقة التي حددها القانون.

هـ التزام الأحزاب في تشكيلاتها ونشاطاتها وتوجيهاتها بالامتناع عن التنظيم والاستقطاب الحزبي في صفوف القوات الأردنية المسلحة وأجهزة الأمن أو إقامة تنظيمات عسكرية أو شبه عسكرية "مليشيات" بأي صورة من الصور.

و. التزام الأحزاب بتشكيلاتها المختلفة بان تكون لها مقار، وان تكون هذه المقار معلنة معروفة، وعدم استخدام مؤسسات الدولة ودوائرها وأجهزتها وغيرها من المؤسسات العامة والخيرية والدينية، أو استغلالها لمصلحة أي حزب أو تنظيم وعدم زج هذه المؤسسات في أي صراع سياسي أو حزبي.

- **الفصل الثالث**

- **الأمن الوطني الأردني:**

يعتمد الأمن الوطني الأردني اعتمادا كبيرا على منعة المجتمع الأردني، وعلى تعزيز عوامل قوته الذاتية، لحماية ارض الوطن واستقلال إراداته، وضمان أمن الشعب الأردني وحريته، وتوفير مقومات الحياة الكريمة للمواطن بما يحقق أمنه المادي والشخصي، واستقراره النفسي والاجتماعي حيثما كانت إقامته. وان موقع الأردن الجغرافي والسياسي في مواجهة الخطر الصهيوني يفرض عليه شد جميع الطاقات والإمكانات والجهود للتصدي لذلك الخطر، والدفاع عن وجوده وحماية أمنه الوطني والقومي بمختلف السبل والوسائل.

وعلى هذا الأساس، فان الأمن الوطني الأردني يقوم على المرتكزات والأركان التالية:

١. الأمن الوطني الأردني جزء من الأمن القومي العربي يؤثر فيه ويتأثر به سلبا وإيجابا مما يجعل صمود الأردن وبناء منعته صمودا للأمة العربية، ويؤكد أهمية البعد القومي لقوة الأردن وحماية أمنه واستقراره.

٢. تنطلق السياسة الأردنية في مفهومها للأمن الوطني من إدراكها لمخاطر التجزئة والتبعية وما تؤدي إليه من تهديد للأمن السياسي والاقتصادي والاجتماعي الأردني والعربي، مما يتطلب سياسة وطنية تهدف إلى تأكيد الاستقلال في جميع المجالات وتحصين المجتمع الأردني وتعميق الانتماء إلى الوطن، وتربية أجياله على التضحية والإيمان بعدالة قضايا الأمة المصيرية، وتبصيرهم بطبيعة العدو وأهدافه ومراكز تحالفاته، وخطره الحقيقي الذي يهدد مستقبل الأمة العربية ومقدساتها، وتأكيد مسؤولية العرب والمسلمين في دعم الأردن للحفاظ على أمنه، وحماية المقدسات العربية والإسلامية.

٣. يتطلب تحقيق الأمن الوطني الأردني تعميق مفهوم الاحتراف لدى قواتنا المسلحة، والعمل على توسيع قاعدتها، وتعزيز قدراتها وتطويرها، وتعبئة طاقات الوطن والشعب دعما لها، بما يمكنها من القيام بواجباتها، لحماية الوطن، والإسهام في أعماره وتنميته، وبما يحقق أعلى درجات الالتحام بين قطاعات الشعب كله، والالتزام بالحفاظ على أمن الوطن وحماية انجازاته.

٤. العناية بتطوير أجهزة الأمن الوطني وتأهيلها للقيام بواجباتها على أكمل وجه، وفقا لمقتضيات مسؤولياتها عن حماية أمن الدولة الخارجي، وتوجيهها للقيام بواجباتها الخاصة بحماية الأمن الداخلي، في إطار احترام المواطن والمحافظة على كرامته وصون حريته، والالتزام بحقوقه الدستورية، وتأكيد مسؤوليتها الخلقية عن إشاعة الطمأنينة والثقة المتبادلة بينها وبين الشعب بجميع فئاته.

٥. الأمن الاقتصادي والاجتماعي للشعب الأردني بفئاته المختلفة ركن أساسي من أركان أمنه الوطني يستلزم زيادة قدرة الوطن في الاعتماد على موارده الذاتية، وتمكينه من تلبية الحاجات الأساسية للشعب، بما يحفظ كرامة المواطن، ويسهم في توفير أمنه المادي والمعيشي والنفسي.

٦. ترسيخ النهج الديموقراطي عنصر أساسي لتعميق روح الانتماء للوطن وتعزيز الثقة بمؤسساته، والإسهام في تمتين وحدة الشعب الأردني وحماية أمنه الوطني، ويتأتى ذلك بإتاحة أسباب المشاركة الحقيقية للمواطنين كافة في إطار من العدالة الاجتماعية وتكافؤ الفرص والتوازن بين الحقوق والواجبات.

- **الفصل الرابع**

- **المجال الاقتصادي:**

يعمل الاقتصاد الأردني ضمن محددات تجعل من مهمة تنميته وتطويره تحديا كبيرا، وتتمثل تلك المحددات في عدد من الأمور من أهمها قلة الثروات المعدنية ومصادر الطاقة، وندرة المياه، ومحدودية رقعة الأرض الصالحة للزراعة، وتزايد عدد السكان بنسبة عالية وضيق السوق المحلي، في غياب التطبيق العملي لمفهوم التكامل الاقتصادي العربي - وعدم توافر الاستقرار السياسي في المنطقة، والتنامي المطرد في أعباء الدفاع الوطني.

وقد أدت محصلة هذه العوائق إلى اعتماد الاقتصاد الأردني اعتمادا كبيرا على المساعدات والقروض الخارجية. ومع ذلك حقق الاقتصاد الوطني معدلات نمو ملحوظة، انعكست آثارها في كثير من المجالات بصور مختلفة.

وكان من الطبيعي أن تتحمل الدولة عبء توفير البنية الأساسية في جميع مناطق المملكة، حين اتسع دور الدولة وازداد دخلها في النشاطات الاقتصادية. ونظرا لغياب سياسة اقتصادية شاملة والافتقار إلى الإدارة الرشيدة، وقصور مراقبة الأداء العام مراقبة فعلية، فقد نمت القطاعات الاقتصادية المختلفة بصورة غير متوازنة، وتفاوتت الدخول بشكل واضح، مما أدى إلى تقلص الطبقة الوسطى وإضعاف دورها الأساسي في بناء الاقتصاد الأردني وتطويره، كما ساد نمط الاستثمار

التفاخري والاستهلاك الترفي في القطاعين العام والخاص، وتفاقم الهدر في موارد الدولة، وازداد حجم المديونية العامة زيادة كبيرة، وانخفضت معدلات نمو الاقتصاد الوطني.

وعلى هذا الأساس، فان التصور المستقبلي لاقتصاد البلاد وللتنمية الاقتصادية والاجتماعية لابد أن يرتكز على ما يلي:

١. قيام النظام الاقتصادي للدولة الأردنية على أساس احترام الملكية الخاصة وتشجيع المبادرة الفردية، وتأكيد ملكية الدولة للموارد والثروات الطبيعية والمشاريع الإستراتيجية، وحقها في إدارة تلك الموارد والثروات والمشاريع أو الإشراف عليها حسبما تقتضيه المصلحة العامة، وتنظيم الاقتصاد وتخصيص الموارد وفقا للأولويات الوطنية.

٢. توفر رؤية إستراتيجية محددة واضحة المعالم، تعتمد التنمية المبنية على منهج الاعتماد على الذات، وإطلاق طاقات الإبداع من المجتمع، ووضع العمل والإنتاج في مرتبة عالية من نظام القيم الاجتماعية، وإعادة بناء اقتصاد الريف الأردني وتنميته، وتعبئة الموارد والثروات والقدرات الذاتية وترشيد استغلالها، والتركيز على تطوير القاعدة الإنتاجية الوطنية، وتحسين مستوى الخدمات ورفع كفاية الإدارة العامة، وتنشيط الرقابة المالية والنوعية.

٣. الاستغلال الأمثل لجميع الموارد المتاحة، واستخدام الوسائل العلمية والتكنولوجية الملائمة لزيادة الإنتاجية، بما يلبي حاجات المواطنين ويوفر فرص العمل لهم ويسهم في زيادة دخولهم وتنويع مصادرها، ويرفع من مستوى معيشتهم.

٤. الالتزام بمؤسسية القرار الاقتصادي وعلانيته وملاءمته من النواحي القانونية والموضوعية، والنأي به عن أي تأثيرات مصلحية خاصة أو اعتبارات فردية.

٥. اعتماد المعلومات الدقيقة الحديثة، لأنها تشكل قاعدة أساسية في التخطيط الاقتصادي والاجتماعي، وعنصرا هاما في عملية اتخاذ القرار، والعمل على تجميعها وتوثيقها ونشرها دون إرجاء.

٦. تأكيد حق التنظيم النقابي في شتى القطاعات الاقتصادية بما فيها القطاع الزراعي، والتحديث المستمر لتشريعات العمل والنقابات، بما يضمن حدا أدنى للأجور، ويوفر التدريب والتأهيل المستمر للقوى العاملة، وتنظيم العلاقة بين أرباب العمل والعمال والحكومة، بما يحقق التوازن بين الحقوق والواجبات والأدوار.

٧. العمل على توفير فرص العمل لجميع المواطنين، ووضع السياسات واتخاذ الإجراءات الكفيلة بتأمين هذا الحق، من خلال خطط وطنية تعتمد تنمية النشاطات الاقتصادية التي تحقق استيعاب المزيد من الأيدي العاملة وتحسين فرص العمل وظروفه وتطوير نظام التعليم باستمرار وربطه بحاجات المجتمع، وإعطاء العمل قيمة اجتماعية متقدمة.

٨. محاربة الفقر ومعالجة آثاره هدف استراتيجي للدولة الأردنية، ومسؤولية وطنية تستلزم إتاحة فرص العمل للقادرين عليه والباحثين عنه، وإعطاء الأولوية فيه للأردنيين، وتوخي العدالة في توزيع الخدمات ومشاريع التنمية من الناحية الجغرافية والاجتماعية، بما يلبي الحاجات الأساسية للمواطن، ويجعل الفقر حالة استثنائية، ويحد من تفاقم آثاره السلبية التي قد تصيب الفرد والمجتمع.

٩. الأردنيون في بلدان الاغتراب جزء من البنيان الاجتماعي والاقتصادي للدولة، مما يتطلب توثيق المعلومات الكاملة عن أوضاعهم، وتعزيز وسائل الاتصال بهم، وتقوية عرى ارتباطهم بالوطن، برعاية مصالحهم في أماكن

العمل ،وضمان ممارستهم لحقوق المواطنة وتسهيل السبل التي تتيح لهم الوفاء بالتزاماتهم وواجباتهم نحو الوطن.

١٠. المياه عنصر استراتيجي يعتمد عليه مستقبل التنمية في الأردن اعتمادا شديدا، مما يستوجب تأكيد ملكية الدولة للمياه وسيادتها عليها، والمحافظة على مصادرها وتنميتها وضمان حسن إدارتها ورفع كفاية خزنها ونقلها وترشيد استعمالاتها، ضمن سياسات وأولويات وطنية واضحة.

١١. العمل على تكامل ادوار القطاعات الاقتصادية من خاص وعام ومختلط وتعاوني، وتهيئة الظروف الموضوعية لتنمية تلك القطاعات، والاعتراف بدور كل منها وتقييم أدائه، وفق أسس اقتصادية واعتبارات اجتماعية، والعمل على إلغاء الإعفاءات المالية الممنوحة للشركات، والمؤسسات العامة التي تعمل على أسس تجاريه بما لا يتعارض مع أحكام القانون تشجيع الاستثمار وأهدافه.

١٢. تحتل الزراعة في الأردن موقعا أساسيا في الاقتصاد الوطني، مما يفرض على المجتمع الأردني إعطاءها ما تستحقه من أولوية واهتمام، كما يتطلب تنشيط ادوار المؤسسات الزراعية والعمل على تكامل أدوارها، ووقف التصحر والزحف العمراني على الرقعة الزراعية، وتطوير نوعية البحث والإرشاد الزراعي وتعميمه، واعتبار التصنيع الزراعي وتنمية الثروة الحيوانية، وتوفير مستلزمات الإنتاج، وتطوير وسائل تسويق المنتجات الزراعية، جزءا رئيسيا من السياسات الوطنية لتحقيق الأمن الغذائي.

١٣. التركيز على الصناعات الوطنية ذات القيمة المضافة العالية المعتمدة على عناصر الإنتاج المحلي، وتوفير الظروف المناسبة لإنشائها والحوافز الضرورية لنموها، واعتماد مبدأ المنافسة بين الصناعات الوطنية المختلفة.

١٤. تطوير الخدمات التي تعتمد على الإمكانات والخبرات الوطنية وتسويقها باعتبار أن قطاع الخدمات احد الروافد الأساسية للاقتصاد الوطني. ولما كانت السياحة مصدرا هاما من مصادر الثروة الوطنية، فان ذلك يتطلب استغلال إمكاناتها وضمان تسويقها بتطوير المواقع السياحية والأثرية، وتشجيع السياحة الداخلية والنشاطات الثقافية، والفنون الشعبية الأردنية، ودعم الصناعات والحرف التراثية في جميع مناطق المملكة.

١٥. إن نمو الاقتصاد الوطني يتطلب وضوح التشريعات الاقتصادية والمالية وتكاملها، وتطويرها بما يتناسب والمتغيرات الداخلية والخارجية، كما يتطلب تشجيع الادخار وتوفير المناخ الملائم للاستثمار وتحفيزه، وتبسيط الإجراءات.

١٦. التشريعات المالية والنظام الضريبي في الدولة وسائل هامة لتطوير الاقتصاد الوطني وتوجيه نشاطاته، وركن أساسي في التنمية الوطنية المتوازنة، التي تؤدي إلى تضييق الفجوة بين الدخول، وتسهم في تحقيق العدالة الاجتماعية، مما يتطلب استمرار تحديث تلك التشريعات وتوافر المرونة فيها، لتواكب التطور الاجتماعي والاقتصادي في المجتمع الأردني.

١٧. ضبط الاقتراض العام للدولة ومؤسساتها المختلفة وفق أولويات المملكة وحاجاتها الأساسية، وإخضاع القروض الداخلية والخارجية وأي قروض أخرى تكلفها الخزينة لموافقة مجلس الأمة.

١٨. البيئة المتوازنة النظيفة حق من حقوق الإنسان، والحفاظ على البيئة الأردنية وحمايتها من التلوث من اجل أجيال الحاضر والمستقبل مسؤولية وطنية، تستلزم التعاون الوثيق والتنسيق بين المؤسسات الرسمية والهيئات الاجتماعية المتخصصة، وتوعية المواطنين لتكوين رأي عام بيئي متطور،

وتحقيق درجة عالية من المشاركة والاهتمام العام بقضايا البيئة ومخاطر التلوث بأنواعه، واعتماد السياسات التي تحقق التوازن بين الحفاظ على البيئة والتنمية المستديمة، ووضع التشريعات والمعايير التي تتسع لمعالجة ما تخلفه بعض مشاريع التنمية من آثار سلبية تفسد البيئة الطبيعية.

- الفصل الخامس

- المجال الاجتماعي:

١. يستمد المجتمع الأردني قيمه ومثله من منظومة القيم العربية الإسلامية والإنسانية، وتقوم الصلة بين أبنائه على أساس رابطة المواطنة، كما يقوم تطوره على مشاركة جميع فئات الشعب، ومؤسساته في البناء والإنتاج، بغية تحقيق النماء الاجتماعي المتكامل في إطار من الحرية والمساواة والعدالة الاجتماعية.

٢. احترام آدمية الإنسان عملا بقوله تعالى " ولقد كرمنا بني ادم " مما يتطلب قيام مؤسسات الدولة بالحفاظ على كرامة المواطن، وصون حقوقه التي كفلها الدستور وأكدتها المواثيق الدولية، مثلما يتطلب قيام الأفراد والجماعات بواجباتهم لصون تلك الحقوق وحمايتها، والالتزام بمبادئ العدل والمساواة وتكافؤ الفرص لجميع المواطنين في المجتمع الأردني.

٣. الأسرة هي اللبنة الأساسية في بنية المجتمع الأردني، وهى البيئة الطبيعية لتنشئة الفرد وتربيته وتثقيفه وبناء شخصيته، وعلى الدولة بمؤسساتها الرسمية والشعبية أن توفر للأسرة أسباب تكوينها وتماسكها وعيشها الكريم، وان تساعدها على القيام بمسؤولياتها في تربية الأجيال وتنشئتهم تنشئة صالحة.

٤. الأمومة الصالحة أساس الطفولة السوية وحق طبيعي من حقوق الطفل، وعلى الدولة الأردنية والمجتمع، توفير الرعاية الخاصة للطفل والأم، وتأكيد حق الأم العاملة في إجازة الأمومة ورعاية الأطفال بما في ذلك الضمانات الصحية والاجتماعية، وتوفير ظروف العمل المناسبة والخدمات المساندة الأخرى لها.

٥. للأطفال الحق في الحصول على أفضل مستوى ممكن من الرعاية والحماية من الوالدين ومن الدولة، من اجل بناء الشخصية المستقلة المتعاونة للطفل الأردني، دون تمييز بين الذكور والإناث.

٦. المرأة شريكة للرجل وصنوه في تنمية المجتمع الأردني وتطويره، مما يقتضي تأكيد حقها الدستوري والقانوني في المساواة والتعليم والتثقيف والتوجيه والتدريب والعمل، وتمكينها من اخذ دورها الصحيح في بناء المجتمع وتقدمه.

٧. الشباب مستقبل الوطن وثروته البشرية المتجددة، وعلى الدولة أن تضع السياسات والبرامج الوطنية لحشد طاقاتهم وتأهيلهم لتحمل المسؤولية والانخراط في العمل المنتج المعبر عن إمكاناتهم في التجديد والابتكار، والسعي لحمايتهم من الانحراف ومعالجة أسبابه، وتوجيه قدراتهم الخلاقة نحو البناء والتنمية.

٨. للمعوقين من أفراد المجتمع الأردني الحق في الرعاية الخاصة والتعليم والتدريب والتأهيل والعمل، بما يضمن لهم التغلب على مصاعبهم، ويمكنهم من ممارسة حياتهم على أنهم جزء مشارك منتج في المجتمع.

٩. العمل على تعميق مفهوم التكافل الاجتماعي في المجتمع الأردني، بتوسيع مظلة الضمانات الاجتماعية، وتطوير قانون الزكاة بما يحقق تنظيمها وتطوير أساليب جبايتها وتوحيدها، ويضمن تحقيق أهدافها الأساسية في المجتمع.

١٠. قيام العمل الشعبي التوعوي على مفهوم الانتماء الوطني وتكافل الاجتماعي مما يتطلب إنشاء الجمعيات التطوعية والأندية، وتوفير الحوافز لها لتعميق قاعدة المشاركة الفعالة، وتأكيد قيم المجتمع الأردني الخيرة وإحياء تقاليده العربية وقيمه الإسلامية في التكافل والتواصل والعون.

- **الفصل السادس**

- **الثقافة والتربية والعلوم والإعلام:**

أولا: الثقافة:

الثقافة العربية الإسلامية هي الأساس ا، لذي تنتسب إليه ثقافتنا الوطنية، فكرا وفنا وإبداعا في سعيها لتحقيق نهوض المجتمع الأردني وتقدمه، وهى رمز لمنعة الأمة العربية، ومصدر لقوتها المادية والمعنوية، وعنوان لوحدتها وصمودها في وجه الغزو الثقافي الأجنبي، والثقافة الأردنية جزء من ثقافتنا العربية المعاصرة بقضاياها وتحدياتها وتطلعاتها إلى المستقبل.

ويبنى على ذلك ما يلي:

١. اللغة العربية هي لسان الأمة ووسيلة التعبير عن هويتها الحضارية، وهى وعاء الفكر والعلم والقيم وأداة نقل المعرفة، مما يتطلب الحفاظ عليها والعمل على تطويرها وتنشيط حركة الترجمة منها واليها، وحث المؤسسات العلمية والأكاديمية الأردنية للإسهام في جهود التعريب، وتشجيع عملية النشر بها في مختلف الحقول العلمية والأدبية والفنية.

٢. العناية بتراث الأمة الثقافي والتعريف به وتحقيقه بمنجهية علمية، والعمل على نشره وتعميمه ضمن الإمكانات المتاحة، بالتعاون مع المؤسسات الثقافية العربية والإسلامية والدولية المعنية بتراث الأمة وحاضرها الثقافي.

٣. الاعتزاز بالتاريخ العربي الإسلامي، واستلهام الدور الايجابي للأمة العربية على الساحة الإنسانية، والاهتمام بالتاريخ الوطني الأردني وتوثيقه وصيانة آثاره والتعريف بحقائقه ودراستها وتدريسها، بما يؤكد دور الإرادة الوطنية للشعب العربي الأردني في صنع حاضره ومستقبله.

٤. الاهتمام برفع المستوى الثقافي للمواطنين الأردنيين في جميع مناطق المملكة والعمل على تنمية ثقافتهم الوطنية وتطويرها بمختلف الوسائل الممكنة بما يحقق مشاركتهم في التنمية الثقافية الشاملة.

٥. الاهتمام بوسائل نشر الثقافة الوطنية والقومية وتعميمها من مكتبات ومراكز معلومات ومسارح ومعارض ومتاحف، وإبراز منجزات الإنسان العربي الأردني ثقافيا وحضاريا.

٦. العناية بمختلف أنماط التراث الشعبي الأردني، باعتبارها روافد إبداعية تغني الثقافة الوطنية، والعمل على تطويرها بما يلائم روح العصر، ويعزز وحدة النسيج الثقافي للأمة.

٧. تأكيد حق المثقفين والمفكرين والأدباء والفنانين والشعراء الأردنيين في الانفتاح على الثقافات المختلفة، إغناءً لثقافتنا الوطنية وحفاظا على حيويتها، بما ينسجم مع قيمنا العربية الإسلامية.

٨. احترام حق التأليف وتحديث التشريعات التي تضمن حقوق المؤلفين والمبدعين المختلفة.

ثانيا: التربية والتعليم:

نظام التربية والتعليم الأردني نظام متكامل متطور، تعبر فلسفته عن فكر الأمة وقيمها، وتقوم على ثوابت العقيدة الإسلامية والمثل العليا للأمة العربية، والتجربة الوطنية الأردنية.

وهذا يتطلب ما يلي:

١. أن تحرص سياسة التربية والتعليم في الأردن على تنشئة الفرد المتكامل روحيا وجسميا ونفسيا وعقليا واجتماعيا، الواعي لحقوقه الملتزم بواجباته القوي الانتماء لوطنه المعتز بأمته، المتمتع بالروح العلمية والديموقراطية المؤمن بحقوق الإنسان ومبادئ العدل والخير والمساواة القادر على الإنتاج المفيد، والمبادرة المبدعة.

٢. أن تقوم تربية النشء على الإيمان بالله وبأصالة الأمة العربية وبقدراتها على التجديد والإبداع في مختلف ميادين الحياة.

٣. أن يعنى نظام التعليم بتنمية التفكير المستقل المبدع وذلك بتحريك دوافع العمل والجدية والإتقان والتميز، وتوجيه التعليم نحو إعداد الإنسان الأردني للمستقبل، بتنمية معرفته وتطوير قدراته العقلية والنفسية، لمواجهة تحديات المستقبل وأخطاره، وبناء منهجية التفكير العلمي والنقدي، بتوجيه التعليم نحو مهارات استخراج المعرفة واستيعابها ومحاكمتها محاكمة عقلانية.

٤. أن يتم الربط بين نظام التعليم والإنتاج وان تلبي عملية التربية والتعليم حاجات الأردن من القوى البشرية المؤهلة في الحاضر والمستقبل.

٥. أن يتصف نظام التربية والتعليم بالشمول والمرونة بحيث يتم من خلاله الاهتمام بالنابهين والموهوبين وتوفير الفرص التي تتلاءم مع قدراتهم وقابليتهم، وتضمن استفادة المجتمع الأردني من عطائهم المتميز، والاهتمام بتعليم المعوقين ودمجهم المبكر في نظام التربية والتعليم وتأهيلهم ليصبحوا عناصر منتجة في المجتمع.

٦. أن تكون اللغة العربية لغة التعليم في جميع مراحله وأنواعه، مما يتطلب تطوير أساليبها ووسائل تدريسها، وتعليمها لغير الناطقين بها، وتأكيد أهمية تعلم اللغات الأجنبية الحية، لتمكين الأجيال من الاطلاع على العلوم والآداب وشتى أشكال النشاط الإنساني المكتوب بتلك اللغات، وتحقيق التواصل الحضاري مع الأمم الأخرى.

٧. إيلاء مهنة التعليم، ما تستحقه من عناية وتقدير، لتحتل مكانتها الاجتماعية اللائقة بين المهن المختلفة، والاهتمام بتأهيل المعلم الأردني وإشراكه في عملية صنع القرار التربوي ورفع مستواه العلمي والمعرفي والمعيشي.

ثالثا: العلوم والتكنولوجيا:

للعلوم والتكنولوجيا دور مركزي في تطوير المجتمع الأردني وتقدمه، ومعالجة مشكلاته الاجتماعية والاقتصاد وتدعيم أمنه الوطني والقومي، وتمكينه من التعامل مع المتغيرات المختلفة والتصدي لتحديات العصر والإسهام في الحضارة الإنسانية. وهذا يتطلب ما يلي:

١. وجود قرار سياسي واضح وعزم وطني مصمم على امتلاك التكنولوجيا ونقلها وتطويرها وتوظيفها لمصلحة البلاد وتلبية حاجاتها، باعتماد تخطيط منهجي مدروس، من خلال مؤسسات وطنية، وفي ضوء نظام تعليمي متطور.

٢. ترسيخ المنهج العلمي في التفكير، وتوظيفه لمعالجة المشكلات وإيجاد الحلول لها، وتطوير قدرة المجتمع الأردني، على تحويل البيانات الأولية إلى معارف قابلة للاستخدام في مجالات الحياة المختلفة، والاهتمام بإنشاء بنوك معلومات وطنية لخدمة هذا الغرض.

٣. تأكيد أهمية تعليم الرياضيات والعلوم، والاهتمام بأبعادها التطبيقية في مختلف مراحل التعليم وأنواعه.

٤. الاهتمام بتثقيف المجتمع الأردني علميا وتكنولوجيا، ليصبح قادرا على التعامل مع التقنية المتطورة تعاملا رشيدا فعالا.

٥. إشاعة مناخ الحرية الأكاديمية، وتوفير الإمكانات الضرورية لتطوير البحث العلمي، وتوجيه سياساته بما يلبي حاجات الأردن وتقدمه في مختلف الميادين، والالتزام باستعمال اللغة العربية في عمليات البحث والتطوير والابتكار والنشر.

٦. تنمية موارد البلاد الطبيعية، وصيانتها من التأثيرات السلبية للتكنولوجيا، والمحافظة على توازن البيئة الأردنية وحماية عناصر الحياة فيها من التلوث.

رابعا :الإعلام والاتصال:

التقدم العلمي والتكنولوجي المتسارع، وما أحدثته ثورة الاتصالات من آثار في هذا العالم، جعل للإعلام ووسائل الاتصال الجماهيرية دورا رئيسيا في تكوين المعرفة والقناعات والاتجاهات والمواقف، كما تؤدي وسائل الاتصال الجماهيرية دورا مهما في ترسيخ النهج الديموقراطي وتعزيزه.

وهذا يتطلب ما يلي :

١. أن تقوم رسالة الإعلام الأردني على مبادئ الحرية والمسؤولية الوطنية، واحترام الحقيقة، وقيم الأمة العربية والإسلامية.

٢. أن تعتبر حرية الفكر والرأي والتعبير والاطلاع حقا للمواطن كما هي حق للصحافة وغيرها من وسائل الإعلام والاتصال الوطنية، وهي حرية ضمنها الدستور ولا يجوز الانتقاص منها أو انتهاكها.

٣. أن تسهم المؤسسات الأردنية الرسمية والأهلية في تأهيل الأطر القادرة على تأدية رسالة الإعلام بموضوعية وبلا تحيز.

٤. أن يكون للمواطن الحق في التماس الحقيقة والمعرفة والمعلومات من خلال مصادر البث والنشر المشروعة في داخل البلاد وخارجها، ولا يجوز أن تحول الرقابة على المصنفات الإعلامية دون ممارسته لهذا الحق.

٥. أن يكون للمواطنين الأردنيين وللتنظيمات السياسية والاجتماعية الحق في استخدام وسائل الإعلام والاتصال الوطنية، للتعبير عن الرأي والإبداع الثقافي والفكري والفني والعلمي، وعلى الدولة أن تضع السياسات الملائمة لممارسة هذا الحق.

٦. أن تكون وسائل الإعلام والاتصال قنوات لإيصال صورة الوطن وثقافته وحضارته إلى العالم، وأداة لنقل المعرفة الجديدة والتطور العلمي والحضاري إلى المواطن، مما يتطلب تنمية الكفايات الوطنية والاستعانة بالخبرات القادرة على تحقيق هذه الغاية.

٧. أن تسهم وسائل الإعلام في تكوين المواطن المنتمي لوطنه وأمته، المعتز بتراثه الأردني العربي والإسلامي، بما يحقق التكامل بين دور البيت والمدرسة ودور العبادة، في تطوير وعي المواطن ومعارفه واتجاهاته، وبما يسهم في الحفاظ على السلام الاجتماعي وصون الوحدة الوطنية، وتجنب التأثيرات الضارة لنشاط الإعلام المعادي

٨. أن تحرص وسائل الاتصال جميعها على تهيئة المناخ الحر اللازم لنمو المجتمع الأردني، بالمعرفة المستنيرة والخبر الصادق، وان تنأى عن المساس بحرية الأشخاص وحياتهم الخاصة.

٩. أن تعزز السياسة العامة لوسائل الإعلام الأردني احترام عقل الإنسان وذكائه وحريته وحقه في التعبير، وتهيئة المناخ الملائم لتشجيع الملكات الخلاقة والطاقات المبدعة.

١٠. أن تضمن الدولة حق الأفراد والجماعات والمؤسسات الأردنية وحريتهم في امتلاك الصحف وإصدارها وفقا لمبادئ الدستور، وان تسن

التشريعات اللازمة لضبط مصادر تمويل هذه الصحف، بحيث تضمن حمايتها من أي تأثير خارجي.

١١. تعتبر حرية تداول المعلومات والأخبار جزءا لا يتجزأ من حرية الصحافة والإعلام، وعلى الدولة أن تضمن حرية الوصول إلى المعلومات في الحدود التي لا تضر بأمن البلاد ومصالحها العليا، وان تضع التشريعات اللازمة لحماية الصحفيين والإعلاميين في أدائهم لواجباتهم، وتوفير الأمن المادي والنفسي لهم.

١٢. وسائل الاتصال الجماهيرية مؤسسات وطنية ملتزمة، لا يجوز استخدامها أو استغلالها للترويج لفلسفة حزب أو تنظيم سياسي بعينه، أو للدعاية لحكومة ما بأشخاصها. وينبغي أن يشارك المواطنون الأردنيون في توجيه سياسة البرامج العامة لهذه المؤسسات، من خلال مجالس تنشأ لهذا الغرض.

- الفصل السابع

- العلاقة الأردنية الفلسطينية:

إن حقائق العلاقة التاريخية والجغرافية الوثيقة بين الأردن وفلسطين خلال العصور، وانتماء الأردنيين والفلسطينيين القومي وواقعهم الثقافي والحياتي في الحاضر والمستقبل جعلت من هذه العلاقة حالة خاصة متميزة، تعززها طبيعة الروابط وقوة الوشائج وعمق المصالح المشتركة بينهما، مما يؤكد ضرورة استمرار هذه العلاقة وتمتينها، في مواجهة الخطر الصهيوني العنصري الاستعماري، الذي يهدد وجود امتنا العربية وحضارتها ومقدساتها، ويستهدف الأردن مثلما استهدف فلسطين. وفي ضوء هذه الحقائق ينبغي أن تقوم العلاقة الأردنية الفلسطينية على المرتكزات التالية :

أولا: أن الهوية العربية الفلسطينية هوية نضالية سياسية، وهى ليست في حالة تناقض مع الهوية العربية الأردنية ويجب أن لا تكون، فالتناقض هو فقط مع المشروع الصهيوني الاستعماري. وكما أن الهوية الوطنية الفلسطينية هي نقيض للمشروع الصهيوني وتكافح من اجل هدمه، فان الهوية الوطنية الأردنية من هذا المنظور هي أيضا نقيض للمشروع الصهيوني وتحصين للأردن من مخططات الصهيونية ومزاعمها المختلفة. وبهذا المفهوم يصبح الأردن وفلسطين حالة عربية واحدة، بنضالهما المشترك في التصدي للمخطط الصهيوني التوسعي ورفضهما الحازم لمؤامرة الوطن البديل.

ثانيا: إن انعكاس المتغيرات السياسية على الساحة الدولية والعربية، وما وقع من تطورات على الساحة الأردنية - الفلسطينية، تمثلت في قرار فك الارتباط الإداري والقانوني بالضفة الغربية المحتلة، وموافقة منظمة التحرير الفلسطينية عليه، وقرار إعلان الدولة الفلسطينية المستقلة بقيادة منظمة التحرير الفلسطينية، واعتراف الأردن بها، وما نشأ عن تلك التطورات أو بسببها من واقع جديد، أكد خصوصية العلاقة الأردنية - الفلسطينية وتميزها، وأصبح أساسا لوضع تلك العلاقة في إطارها الصحيح وإرسائها على أسس ومرتكزات واضحة.

ثالثا: وعلى هذا الأساس، فانه لا يجوز بأي حال من الأحوال أن تفهم العلاقة الأردنية - الفلسطينية أو أن تستغل أي حالة فيها من أي طرف وتحت أي ظرف، لتصبح مدخلا للانتقاص من حقوق المواطنة وواجباتها، أو سببا لإضعاف الدولة الأردنية من الداخل، وخلق الظروف التي تؤدي إلى تمرير المشروع الصهيوني لتحويل الأردن إلى بديل عن فلسطين. وبهذا المفهوم يصبح الالتزام بأمن الأردن الوطني والقومي مسؤولية تقع على عاتق المواطنين جميعا، مثلما يؤكد ذلك نضالهم و تضحياتهم الموصولة في سبيل تحرير فلسطين والحفاظ على الأردن وعروبته.

رابعا: لما كانت العلاقة الوحدوية المستقبلية بين دولتي الأردن وفلسطين مسألة حتمية، فان إقامة تلك العلاقة وإدامتها تقتضي احترام خيارات الأردنيين والفلسطينيين في تحقيق أفضل صيغ الوحدة بينهما بما يجعلها نموذجا للوحدة العربية الشاملة. وانطلاقا من كل ما سبق، فان الوحدة الوطنية الأردنية هي القاعدة الصلبة التي تقوم عليها العلاقة الوثيقة بين جميع المواطنين في الدولة الأردنية، كما أن استحالة الفصل على ارض الواقع بين المواطنين من أبناء الشعب العربي الأردني على اختلاف أصولهم يستلزم حماية هذه الوحدة وترسيخها، بما يعزز منعة الأردن، ويحفظ أمنه الوطني والقومي، ويحمي جبهته الداخلية، ويضمن الفرص المتكافئة لجميع المواطنين دون تمييز، ويصون مصالحهم المشروعة وحقوقهم التي كفلها الدستور.

ثانيا: نص وثيقة إعلان الاستقلال:

إعلان البلاد الأردنية (دولة مستقلة استقلالا تاما)

مع البيعة بالملك لحضرة صاحب الجلالة " عبدالله بن الحسين " المعظم (ملك المملكة الأردنية الهاشمية).

يوم السبت٢٣ جمادى الآخرة سنة ١٣٦٥ - ٢٥ أيار سنة ١٩٤٦م.

عقد المجلس التشريعي الأردني الخامس جلسته الثالثة لدورته فوق العادة الأولى وذلك في الساعة الثامنة من صباح يوم السبت الواقع في ٢٣ جمادى الآخرة ١٣٦٥ هجرية الموافق ٢٥ أيار سنة ١٩٤٦ ميلادية، ولدى تلاوة مقررات المجالس البلدية المبلغة إليه والمتضمنة رغبات البلاد الأردنية العامة، تم تلاوة مذكرة مجلس الوزراء رقم ٥٢١ بتاريخ ١٣ جمادى الآخرة ١٣٦٥ الموافق ١٩٤٦/٥/١٥ المتضمنة تأييد تلك المقررات واقتراح تلبيتها وتعديل القانون الأساسي الأردني بمقتضاها ثم لدى بحث الأماني القومية في ضوء المبادئ والمواثيق الدولية العامة وحق تقرير المصير ووعود الأمم المتحدة ومقاصدها وما بذلته البلاد الأردنية من تضحيات ومساعدات للديموقراطيات وما حصلت عليه من وعود وعهود دولية رسمية فقد اصدر المجلس التشريعي الأردني بالإجماع القرار التاريخي الآتي :

١- نص القرار

تحقيقا للاماني القومية وعملا بالرغبة العامة التي أعربت عنها المجالس البلدية الأردنية في قراراتها المبلغة إلى المجلس التشريعي واستنادا إلى حقوق البلاد الشرعية والطبيعية وجهادها المديد وما حصلت عليه من وعود وعهود دولية رسمية وبناء على ما اقترحه مجلس الوزراء في مذكرته رقم ٥٢١ بتاريخ ١٣ جمادى الآخرة ١٣٦٥ الموافق ١٩٤٦/٥/١٥ فقد بحث المجلس التشريعي النائب عن الشعب الأردني أمر إعلان استقلال البلاد الأردنية استقلالا تاما على أساس النظام الملكي النيابي مع

البيعة بالملك لسيد البلاد ومؤسس كيانها (عبدالله بن الحسين) المعظم كما بحث أمر تعديل القانون الأساسي الأردني على هذا الأساس بمقتضى اختصاصه الدستوري، ولدى المداولة والمذاكرة قرر بالإجماع الأمور الآتية:

أولا: إعلان البلاد الأردنية دولة مستقلة استقلالا تاما وذات حكومة ملكية وراثية نيابية.

ثانيا: البيعة بالملك لسيد البلاد ومؤسس كيانها وريث النهضة العربية (عبدالله بن الحسين) المعظم بوصفة ملكا دستوريا على رأس الدولة الأردنية بلقب حضرة صاحب الجلالة (ملك المملكة الأردنية الهاشمية).

ثالثا: إقرار تعديل القانون الأساسي الأردني على هذا الأساس طبقا لما هو مثبت في لائحة (قانون تعديل القانون الأساسي) الملحقة بهذا القرار.

رابعا: رفع هذا القرار إلى سيد البلاد عملا بأحكام القانون الأساسي ليوشح بالإرادة السنية حتى إذا اقترن بالتصديق السامي عد نافذا حال إعلانه على الشعب وتولت الحكومة إجراءات تنفيذه، مع تبليغ ذلك إلى جميع الدول بالطرق الدبلوماسية المرعية.

وبمقتضى اختصاص المجلس الدستوري، تقرر بالإجماع إعلان البلاد الأردنية دولة مستقلة استقلالا تاما وذات حكومة ملكية وراثية نيابية والبيعة بالملك لسيد البلاد ومؤسس كيانها وريث النهضة العربية (عبدالله بن الحسين المعظم) بوصفه ملكا دستوريا على رأس الدولة الأردنية بلقب حضرة صاحب الجلالة ملك المملكة الأردنية الهاشمية.

وبهذه الكلمات اصدر المجلس التشريعي الأردني الخامس في الخامس والعشرين من أيار ١٩٤٦ قراره التاريخي الذي أعلن فيه استقلال المملكة الأردنية الهاشمية ليسطر بأحرف من ذهب قصة تكوين الدولة الأردنية كأساس للنهضة العربية التي حملت أعباء المسؤولية وأكدت الشخصية العربية معيدة بذلك العرب إلى سابق

مجدهم. لقد كان الأردن من أوائل الدول العربية التي حملت صفات الدولة الدستورية، وكان البلد النموذج لتكوين الدولة المستقلة، فمنذ أن وطئت قدما سمو الأمير عبدالله بن الحسين (الملك المؤسس) ارض الأردن عندما استقبلته معان في الحادي والعشرين من تشرين الثاني ١٩٢٠ أعلن سموه أن هدفه المحدد هو تحرير البلاد من الاستعمار. وتحدث سمو أمير البلاد عن مفاوضاته مع ملك بريطانيا مثمناً اعترافه بالاستقلال وان الحكومة ستشرع بتعديل قانون الانتخاب ووضع القانون الأساسي لشرق الأردن. وأضاف سموه عن الاستقلال: "واني آمل أن يكون هذا اليوم سعيداً للأمة تتخذه عيداً تظهر فيه سرورها وحبورها ومنه تعالى نستمد العون. إلا أن ما ورد في حديث السير هربرت صموئيل في المناسبة ذاتها ويوم الاحتفال كان يمثل رسالة واضحة بان اعتراف بريطانيا بالاستقلال لم يكن كاملا عندما قال"وها نحن نحتفل الآن، بالاتفاق الذي عقد مع سمو الأمير في أثناء زيارته لجلالة الملك جورج والحكومة البريطانية، ولا يخفى عليكم أن الاتفاق ينص على اعتراف حكومة جلالة الملك بوجود حكومة مستقلة في شرق الأردن برئاسة صاحب السمو الأمير عبدالله بن الحسين، شريطة أن توافق جمعية الأمم على ذلك، وان تكون حكومة شرق الأردن دستورية تمكن جلالة الملك من القيام بتعهداتها الدولية فيما يتعلق بتلك البلاد بواسطة اتفاق يعقد بين حكومتين".

جاء استقلال بلادنا عن طريق المفاوضات مع بريطانيا والتي توجت بالمعاهدة الأردنية البريطانية عام ١٩٤٦م والتي عدلت في ١٥/ أيار ١٩٤٦م مع إبقاء القوات البريطانية في الأردن... وفي ما تلى ذلك من سنوات عصيبة عاشها الأردن وطنا وشعبا (تخللتها النكبة الفلسطينية الكبرى عام ١٩٤٨م) واصل شعبنا الأردني نضاله الوطني الضاري وخاض المعارك الشرسة من أجل استكمال الاستقلال الوطني الناجز وتعريب الجيش الأردني الذي كان تحت قيادة بريطانية (كلوب) وإلغاء

المعاهدة الأردنية البريطانية المذلة... حيث تحقق كل ذلك في عهد الحكومة الوطنية التي رأسها المرحوم/ سليمان النابلسي... وتم جلاء آخر جندي بريطاني عن تراب الأردن الطهور في ١٣/ آذار/ ١٩٥٧م.

ومما جاء في نص القرار التاريخي الذي يعلن استقلال الأردن باسم المملكة الأردنية الهاشمية: " تحقيقاً للاماني القومية وعملاً بالرغبة العامة التي أعربت عنها المجالس البلدية الأردنية في قراراتها المبلغة إلى المجلس التشريعي، واستناداً إلى حقوق البلاد الشرعية والطبيعية وجهادها المديد وما حصلت عليه من وعود وعهود دولية رسمية، وبناء على ما اقترحه مجلس الوزراء في مذكرته رقم ٥٢١ بتاريخ ٣ جمادى الآخرة ١٣٦٥هـ الموافق ١٩٤٦/٥/١٥م فقد بحث المجلس التشريعي النائب عن الشعب الأردني أمر استقلال البلاد الأردنية استقلالاً تاماً على أساس النظام الملكي النيابي، مع البيعة بالملك لسيد البلاد ومؤسس كيانها (عبدالله بن الحسين المعظم)، كما بحث أمر تعديل القانون الأساسي الأردني على هذا الأساس بمقتضى اختصاصه الدستوري، ولدى المداولة والمذاكرة تقرر بالإجماع إعلان البلاد الأردنية دولة مستقلة استقلالاً تاماً وذات حكومة ملكية وراثية نيابية والبيعة بالمُلك لسيد البلاد ومؤسس كيانها وريث النهضة العربية (عبدالله بن الحسين المعظم) بوصفه ملكاً دستورياً على رأس الدولة الأردنية بلقب حضرة صاحب الجلالة ملك المملكة الأردنية الهاشمية". وصادق جلالة الملك المؤسس على قرار إعلان الاستقلال مصدراً أول إرادة ملكية سامية موشحاً القرار بالعبارة التالية: "متكلاً على الله تعالى أوافق على هذا القرار شاكراً لشعبي واثقاً لحكومتي.

لا يمكن للدولة أن تكون مستقلة استقلالاً تاماً إلا إذا توافرت لها الشروط التالية:

- جيش خاص بها
- استغلال خيراتها بنفسها

- لا تخضع لسيطرة أجنبية

- لها علاقاتها الخاصة مع الدول الأخرى القائمة على الاحترام المتبادل

لقد كان هذا البلد دوماً بلد المبادئ والأصالة والوفاء لقيادته الهاشمية المعتز بانتمائه للثرى العربي، هذا البلد الذي يقول عنه المغفور له جلالة الملك الحسين بن طلال طيب الله ثراه" وبلدكم الأردن هذا هو وارث مبادئ الثورة العربية الكبرى في الوحدة والحرية والاستقلال لكل العرب، عاش على ساحة عزيزة من ساحات النضال القومي منذ رفرفت في سمائه بقيادة عبدالله بن الحسين وهو قائد من قادة الثورة العربية الكبرى ومؤسس الأردن، وقد التف حوله وأعانه العديد من رجال الرعيل الأول وأهل السابقة من أبناء الأردن وفلسطين وسوريا ولبنان والعراق والجزيرة العربية وغيرها من ديار العروبة، تجمعهم آمال واحدة وتحدو مسيرتهم غايات واحدة.

وتستمر مسيرة الهاشميين في البناء والعطاء حاملة ارث الثورة العربية الكبرى ليغدو الأردن نموذجا يحتذى في توسيع المشاركة الشعبية وتفعيلها وترسيخ الديمقراطية بقيادة مليكه المعزز جلالة الملك عبدالله الثاني الذي يحمل على عاتقه أعباء المسيرة من اجل رفعة الوطن وكرامة شعبه.

إذن تحقق الهدف الوطني الكبير واستقل الأردن... ولكن بقي هناك ذلك الهاجس بالسعي الدؤوب من أجل تعزيز وتكريس الاستقلال الإقتصادي واستثمار الثروات الوطنية وتحقيق التنمية الإقتصادية وإنشاء البنية التحتية... وقد نجح الأردن في كل ذلك بعض النجاح... بل نجاحا محدودا ومتواضعا... حيث أن المعوقات الذاتية والموضوعية كانت وما زالت تقف حائلا أمام تحقيق مثل تلك الأهداف والآمال العريضة... ودفع الإقتصاد الأردني دفعا إلى ذلك النمط الاستهلاكي واقتصاد الخدمات.

ثالثاً: الأجندة الوطنية:

نص الرسالة الملكية الخاصة بالأجندة الوطنية:

دولة الأخ فيصل الفايز حفظه اللـه ورعاه، رئيس وزرائنا الأفخم.

السلام عليكم ورحمة اللـه وبركاته وبعد،

فيسرني أن ابعث إليـك والى زملائـك الـوزراء بتحيـة الاعتـزاز بكم والتقدير لعطائكم وانتم تواصلون جهودكم الخيرة على طريق تحقيق التنمية الشاملة واستكمال بناء الأردن الحـديث الأردن المتقدم المزهر الأردن الذي يلبي طموحات أبنائه وبناته في الحياة الحرة الكريمة والمستقبل المشرق الذي يليق بعزائمهم وتضحياتهم وانتمائهم الراسخ لثرى هذا الوطن العزيز.

أما وقد استقر رأينا وعقدنا العزم على إعادة النظـر في التقسيمات الإداريـة في المملكـة لتوسيع قاعدة المشاركة الشعبية في صنع القرارات وترتيب الأولويات ووضع الخطط والبرامج المتعلقـة بمسيرتنا التنمويـة فانه لابـد مـن التأكيـد علـى أن تطلعنـا إلى التنميـة الشـاملة التي تـنعكس أثارهـا الايجابيـة علـى مستوى حيـاة المجتمـع وتـوفر سبل العيش الكريم لكل مـواطن ومواطنة في هـذا البلد يعتمـد بشكل أساسي علـى مدى نجاحنا في مواجهـة التحديات الاقتصادية والاجتماعية في هذه المرحلة التي تشهد العديد مـن التغيرات المحيطـة بنـا ولتحقيـق رؤيتنـا في الوصول إلى أردن حـديث يلبـي طمـوح المـواطن الأردني في التقدم والازدهار يجب توحيد وتضافر جميـع الجهود في القطاعين العـام والخاص ومجلس الأمة ومؤسسات المجتمع المدني وفي الإعلام والصحافة من اجل وضع أجنـدة شاملة تحتوي علـى الأهداف الوطنية التي تجسد رؤية الجميع وتحدد البرامج الإستراتيجية والسـياسات الـوطنيـة التي سيشكل تحقيقها التزاما على الحكومات المتعاقبة وان صياغة وتحديد هذه الأهداف الوطنية يجب أن تـتم مـن خـلال نـشاط وحـوار عميـق يأخـذ في حسبانه مشاركة جميع

الأردنيين من كافة الجهات الحكومية وغير الحكومية وتحديد ادوار ومسؤوليات الجميع في مسيرة البناء والتنمية ذلك أن هذه الأهداف هي التي ستحدد ملامح مسيرتنا للأعوام العشرة القادمة.

ولابد من التأكد هنا أيضا على أن الوصول إلى الأهداف المنشودة لا يقتصر على الجودة والكفاءة في صياغتها أو الدقة أو البراعة في تحديدها وإنما الأهم من ذلك هو القدرة على التنفيذ الفعلي والوصول إلى النتائج المرجوة على ارض الواقع وعلى وضع الأسس والمعايير التي نقيس من خلالها مدى النجاح أو الفشل في تحقيق هذه الأهداف وهذا يتطلب بطبيعة الحال وجود جهاز حكومي كفؤ يؤمن بالعمل المشترك الموجه نحو تحقيق الأهداف والنتائج المرجوة ويعتمد أيضا على أسس الكفاءة والجدارة والمساءلة ويشكل بدوره الجهاز المحرك لمختلف الجهات التي تعمل على ترجمة الأهداف الوطنية إلى واقع ملموس ونحن نؤمن أن تحقيق التقدم لا يكون بالانقطاع عن تجارب الماضي بل بأخذ العبر والتعلم منها فالتحدي يكمن في قدرتنا على الاستفادة من الخبرات المتراكمة والمرونة في الاستجابة للتغيرات المختلفة على أن يكون مقياس النجاح الحقيقي متمثلا بمدى التقدم والازدهار والتحسن الملموس الذي يطرأ على مستوى معيشة المواطن.

ولدفع هذه العملية قدما فسيتم تشكيل لجنة تضم فئات واسعة من المجتمع تشمل ممثلين عن الحكومة ومجلس الأمة ومؤسسات المجتمع المدني والقطاع الخاص والإعلام للعمل على تنسيق الجهود والصياغة الكلية للأجندة الوطنية واعتماد محاورها الرئيسية وتشكيل لجان لوضع الأولويات للقطاعات المختلفة في كافة المجالات السياسية والاقتصادية والاجتماعية والإشراف على عملها والتأكد من انسجام الأولويات الوطنية مع بعضها البعض ضمن الموارد المتاحة على أن يتم استكمال هذه الجهود جميعها بحلول شهر أيلول من عام ٢٠٠٥.

إننا إذ نتطلع إلى بناء مجتمع قوي مبني على مبادئ الاستقامة والقيم العليا التي أكدت عليها شريعتنا السمحة وتراثنا العربي الأصيل وعلى تعزيز العمل المبدع القائم على المهنية والكفاءة والمساءلة فإننا نتطلع في الوقت نفسه إلى وضع أجندة وطنية تحقق أحلام شبابنا وتضمن مستقبل أطفالنا وتمكنهم من تطوير قدراتهم واستغلال طاقاتهم لخدمة بلدهم وتحقيق العيش الكريم لكل أردني وأردنية.

واسأل المولى عز وجل أن يحفظكم ويوفقنا جميعا لخدمة وطننا وامتنا.

والسلام عليكم ورحمة الله وبركاته،

عبدالله الثاني ابن الحسين

عمان، في ٣٠ ذو الحجة ١٤٢٥ هجرية، الموافق ٩ شباط ٢٠٠٥ ميلادية

١- دور الأجندة الوطنية في التنمية السياسية والاقتصادية والاجتماعية:

تسعى الأجندة الوطنية إلى صياغة رؤية متطورة للأردن، تستجيب لمتطلبات الحداثة واستحقاقات المنافسة والاندماج الإقليمي والدولي، كما تسعى إلى وضع أهداف وطنية محددة ومرتبطة ببرامج تنفيذية زمنية، واقتراح مبادرات للتنمية السياسية والاقتصادية والاجتماعية، ومراقبة تطبيقها ومتابعة تنفيذها. و تهدف الأجندة الوطنية إلى تسريع وتيرة النمو وتحقيق تنمية سياسية واقتصادية واجتماعية مستدامة ومتوازنة، من خلال تنفيذ برنامج انتقالي يضع الأردن على مسار النمو الاقتصادي السريع والمشاركة الاجتماعية والسياسية الواسعة. وسيتمخض عن هذا الجهد في نهاية المطاف برامج ومشاريع سيجري تنفيذها وفق أولويات محددة وضمن إطار زمني وتنظيمي متكامل.

وتمثل مبادرات الأجندة الوطنية جوهر البرامج التي ستتبناها الحكومات المتعاقبة خلال السنوات العشر المقبلة. علما بأن الأجندة ستتطلب مراجعة دورية

طوال فترة تطبيقها، مع الأخذ بعين الاعتبار التطورات السياسية والاقتصادية والاجتماعية الداخلية، إضافة إلى العوامل الخارجية التي قد تؤثر عليها.

انتهجت الأجندة الوطنية أسلوب عمل متكامل من أجل وضع برامج طموحة للتنمية السياسية والاقتصادية والاجتماعية ضمن ثمانية محاور رئيسة انطوت على مبادرات وآليات تطبيق شاملة من شأنها تحقيق حياة أفضل للأردنيين. وستحظى هذه المبادرات باهتمام متساوٍ بحيث يتم تطبيقها بشكل متوازٍ لضمان تحقيق ما تنطوي عليه من الأهداف الوطنية.

وقد أوكلت مهمة إعداد الأجندة الوطنية إلى لجنة توجيهية تم تشكيلها بموجب إرادة ملكية سامية بتاريخ ٩ شباط ٢٠٠٥م، وضمت اللجنة ممثلين عن الحكومة ومجلس الأمة ومؤسسات المجتمع المدني والقطاع الخاص ووسائل الإعلام والأحزاب السياسية والأكاديميين. وحرصت اللجنة التوجيهية على ضمان المشاركة الوطنية في إعداد هذه الأجندة من خلال إشراك سائر الجهات المعنية من مختلف قطاعات المجتمع الأردني في فرق العمل الفنية، بحيث تعكس الأجندة مصالح مختلف الشرائح الاجتماعية في التطور السياسي والاقتصادي والاجتماعي المنشود. لذلك جاءت مبادرات الأجندة لتجسد تطلعات الأردنيين وطموحاتهم بصورة شاملة وصادقة.

وبما أن التطبيق الحكومي الناجح لمبادرات الأجندة الوطنية يتطلب تكليف جهة تعمل على تنسيق تلك المبادرات والتأكد من تنفيذها، فقد أنشئت لهذه الغاية إدارة مراقبة الأداء الحكومي في رئاسة الوزراء، وعُهد إليها متابعة تطوير الأجندة الوطنية وتحديثها بصورة مستمرة في المستقبل، إضافة إلى مراقبة تنفيذ مبادراتها وتقييم مدى تحقق أهدافها وفق منظومة متميزة ومحكمة من مؤشرات قياس الأداء.

وتهدف إدارة مراقبة الأداء الحكومي إلى التنسيق مع كافة أجهزة الدولة لترجمة مبادرات الأجندة الوطنية لخطط وبرامج عمل ومؤشرات أداء تفصيلية، لتقوم بعد ذلك بإعداد تقارير دورية ومنتظمة حول سير العمل ومدى التزام الجهات المعنية بتطبيق مبادرات الأجندة ورفعها إلى مجلس الوزراء ونشرها بصورة دورية.

٢- هدف الأجندة الوطنية:

يتمثل الهدف الرئيس للأجندة الوطنية في تحسين نوعية حياة المواطن الأردني من خلال تحسين مستويات المعيشة، وتوفير الرفاه والأمان الاجتماعيين، واستحداث فرص عمل جديدة. ولهذه الغاية تم تطوير مبادرات وتوصيات الأجندة في ضوء تفاعل ثلاثة أبعاد رئيسة كما هو مبين في الشكل (١-١) وهي:

أ‌- الحكومة والسياسات: ويشمل هذا البعد الإصلاحات التي تهدف إلى المساهمة في حفز التنمية الاقتصادية وتوفير الرفاه والأمان الاجتماعيين. وتتضمن هذه الإصلاحات: إيجاد بيئة استثمارية ملائمة، وتعزيز الانضباط المالي، والحكم الرشيد، والتنمية الإدارية، والعدالة، والمساءلة، والشفافية، وسياسات سوق العمل والتدريب المهني، والحد الأدنى للأجور، والحد الأعلى لساعات العمل، والتشغيل، والتنافسية الاقتصادية، وحرية انتقال رأس المال، وإزالة العوائق التجارية، وتفعيل دور الشركات الصغيرة والمتوسطة، والتعليم النوعي المستمر، بالإضافة إلى توفير رعاية صحية ملائمة وتعزيز الأمان الاجتماعي.

ب‌- الحقوق والحريات الأساسية: وتشمل المشاركة السياسية والاجتماعية والاقتصادية والثقافية، والمساواة أمام القانون، وتكافؤ الفرص، وسلامة الأشخاص والممتلكات، وحرية التجمع، وحرية التعبير وواجبات المواطنة وحقوقها، بالإضافة إلى قطاع إعلامي حر ومسؤول.

ت- الخدمات والبنية التحتية والقطاعات الاقتصادية: وتشمل تطوير خدمات النقل العام بكافة قطاعاته وصولاً إلى شبكة نقل عام متطورة وبخدمات منتظمة وكفوءة وبتكلفة اقتصادية، وتطوير وجلب مصادر مائية واستغلال المصادر غير التقليدية وتحسين مستوى إدارة الأنظمة المائية، وتوفير الطاقة لكافة الاستخدامات بتكلفة اقتصادية وفقاً للمعايير والمواصفات المعتمدة، والمحافظة على البيئة، وتسهيل وصول المواطنين كافة إلى تكنولوجيا المعلومات والاتصالات، وتوفير خدمات مالية ومنتجات مصرفية نوعية ومنافسة.

٣- نظرة على التطورات السياسية والاقتصادية والاجتماعية:

واجه الأردن خلال السنوات والعقود الماضية عدداً كبيراً من التحديات التي نشأت عن عوامل خارجية، وبخاصة في عقد التسعينيات من القرن الماضي حيث اندلعت حرب الخليج الثانية، مما تسبب في العودة القسرية للمغتربين في دول الخليج العربي. وقد تزامن ذلك مع استمرار الوضع الحرج في مناطق السلطة الوطنية الفلسطينية، والحرب على العراق في شهر آذار من العام ٢٠٠٣، وهو البلد العربي الشقيق الذي شكل تقليدياً سوقاً تصديرية رئيسة للمنتجات الأردنية. وقد أثرت النزاعات الإقليمية بصورة سلبية على السياحة والاستثمار المحلي والأجنبي. وبالرغم من حجم هذه التحديات وتكررها، إلا أننا نجد أن أداء المملكة في ظل هذه الظروف كان جيداً نسبياً، وبخاصة فيما يتعلق بالاستقرار الاقتصادي على المستوى الكلي، والتجارة والاستثمار الخاص، والتخاصية، والإصلاحات القطاعية. ونتيجة لذلك، حقق الاقتصاد الأردني معدلات نمو جيدة واكتسب قدرة أكبر على مقاومة التحديات والتعامل مع نتائجها.

وعلى صعيد التنمية البشرية، حقق الأردن إنجازات جيدة في التنمية البشرية خلال الثلاثين عاماً الماضية، حيث ارتفع متوسط العمر المتوقع عند الولادة من ٥٨

إلى ٧٢ عاماً، وارتفعت نسبة المعرفة بالقراءة والكتابة بين البالغين من ٤٧% إلى ٩٠%. وانخفض معدل وفيات الأطفال قبل عامهم الأول بنسبة ٥٠% تقريباً، ليصل إلى ٢٢ حالة وفاة لكل ١٠٠٠ حالة ولادة. وحقق الأردن تقدماً أكبر في التعليم مقارنة مع دول الشرق الأوسط وشمال إفريقيا ؛ فقد بلغ معدل التعليم بين الشباب (١٥- ٢٤ سنة) ما نسبته ٩٨.٨% في العام ٢٠٠١، مقارنة مع نسبة ٨٨% في دول المنطقة. وبلغت نسبة التحاق الإناث إلى الذكور في التعليم الأساسي والثانوي ٩٨%، وهي أعلى من معدل منطقة الشرق الأوسط وشمال إفريقيا البالغ ٨٣%.

وركز الأردن على تعزيز الاستثمار، والإصلاحات القطاعية، والانضباط المالي لتعزيز فرص النمو المستدام وتوطيد الاستقرار. وبرغم ذلك، كان الأداء متذبذباً خلال العقد الماضي، ففي حين ارتفعت الصادرات إلى أكثر من الضعف خلال الفترة ٢٠٠٠ و٢٠٠٤ لتصل إلى ٣.٣ مليار دولار، اتسع العجز في الميزان التجاري من ١.٩ مليار دولار في العام ١٩٩٩ إلى ٤.٣ مليار دولار في العام ٢٠٠٣. وارتفع معدل نصيب الفرد من الناتج المحلي الإجمالي بمعدل سنوي قدره ١.١% بين الأعوام ١٩٩٤م و٢٠٠٣م.

ونتيجة لذلك، فإن قدرة الاقتصاد الأردني على تحقيق مزيد من النمو لا تزال عرضة لتحديات ناجمة عن عوامل خارجية، كما أن متوسط النمو خلال السنوات الخمس الماضية لا يكفي لمواجهة التحديات التنموية القائمة منذ مدة طويلة. وبرغم الانخفاض الذي طرأ مؤخراً على حجم الدين العام، فإنه لا يزال مرتفعاً (٩١% إلى الناتج المحلي الإجمالي في العام ٢٠٠٤م، بعد أن كان ١١٤% في العام ١٩٩٥م). والأهم من ذلك، أن النمو الاقتصادي الذي حدث مؤخراً لم يترجم إلى زيادة موازية في استحداث فرص عمل جديدة أو الحد من الفقر، فالبطالة لا تزال مرتفعة، حيث بلغت ١٢.٥% في العام ٢٠٠٤م، وما تزال جيوب الفقر تتعمق، حيث يعيش

١٤.٢% من الأردنيين دون خط الفقر (٣٩٢ ديناراً للفرد في السنة)، كما يزداد الوضع سوءاً إذا ما أخذنا بعين الاعتبار تدني الإنتاجية وتزايد البطالة المقنعة.

ولمواجهة هذه المشكلات، قامت الحكومة منذ العام ٢٠٠١ بتنفيذ إصلاحات اقتصادية واجتماعية، حيث أطلقت عدة برامج للتعامل مع الاختلالات والعجوزات المزمنة، كان من أبرزها برنامج التحول الاقتصادي والاجتماعي للفترة (٢٠٠٢-٢٠٠٦) الذي يهدف إلى تحقيق التوازن المالي والتنمية الاقتصادية والاجتماعية على المدى المتوسط. ورغم أن هذه البرامج ساعدت في تثبيت الاقتصاد أثناء الأزمات الإقليمية، إلا أن هنالك العديد من المشكلات الهيكلية الاقتصادية والاجتماعية التي لا تزال قائمة.

رابعاً: رسالة عمان:

نص رسالة عمان:

بسم الله الرحمن الرحيم، والصلاة والسلام على نبيّه المصطفى وعلى آله وأصحابه الغُرّ الميامين، وعلى رُسُل الله وأنبيائه أجمعين قال تعالى: (**يَا أَيُّهَا النَّاسُ إِنَّا خَلَقْنَاكُم مِّن ذَكَرٍ وَأُنثَىٰ وَجَعَلْنَاكُمْ شُعُوبًا وَقَبَائِلَ لِتَعَارَفُواإِنَّ أَكْرَمَكُمْ عِندَ اللَّهِ أَتْقَاكُمْ**)، صدق الله العظيم "الحجرات: ١٣".

هذا بيان للناس، لإخوتنا في ديار الإسلام، وفي أرجاء العالم، تعتز عمّان، عاصمة المملكة الأردنيّة الهاشميّة، بأن يصدر منها في شهر رمضان المبارك الذي أنزل فيه القرآن هدىً للناس وبينات من الهدى والفرقان، نصارح فيه الأمة، في هذا المنعطف الصّعب من مسيرتها، بما يحيق بها من أخطار، مدركين ما تتعرّض له من تحدّيات تهدّد هويتها وتفرق كلمتها وتعمل على تشويه دينها والنيل من مقدساتها، ذلك أنّ رسالة الإسلام السمحة تتعرّض اليوم لهجمة شرسة ممن يحاولون أن يصوروها عدواً لهم، بالتشويه والافتراء، ومن بعض الذين يدّعون الانتساب للإسلام ويقومون بأفعال غير مسؤولة باسمه. هذه الرّسالة السمحة التي أوحى بها الباري جلّت قدرته للنبي الأمين محمد صلوات الله وسلامه عليه، وحملها خلفاؤه وآل بيته من بعده عنوان أخوّة إنسانيّة وديناً يستوعب النشاط الإنساني كله، ويصدع بالحق ويأمر بالمعروف وينهى عن المنكر، ويكرّم الإنسان، ويقبل الآخر.

وقد تبنت المملكة الأردنيّة الهاشميّة نهجا يحرص على إبراز الصورة الحقيقيّة المشرقة للإسلام ووقف التجني عليه ورد الهجمات عنه، بحكم المسؤوليّة الروحيّة والتاريخيّة الموروثة التي تحملها قيادتها الهاشميّة بشرعيّة موصولة بالمصطفى صلى الله عليه وسلم، صاحب الرّسالة، ويتمثّل هذا النهج في الجهود الحثيثة التي بذلها جلالة

المغفور له بإذن الـلـه تعالى الملك الحسين بن طـلال طيّـب الـلـه ثـراه عـلى مـدى خمـسة عـصرنا الحاضر.

والإسلام الذي يقوم على مبادئ أساسها: توحيد الـلـه والإيمان برسالة نبيّه، والارتباط الدائم بالخالق بالصلاة، وتربية النفس وتقويمها بصوم رمضان، والتكافل بالزكـاة، ووحـدة الأمـة بـالحج إلى بيـت الـلـه الحرام لمن استطاع إليه سبيلا، وبقواعده الناظمة للسلوك الإنساني بكل أبعاده، صـنع عـبر التـاريخ أمّـة قويّة متماسكة، وحضارة عظيمة، وبشر بمبادئ وقيم سامية تحقّق خير الإنسانيّة قوامها وحـدة الجـنس البشري، وأنّ النّاس متساوون في الحقوق والواجبات، والسلام، والعدل، وتحقيق الأمن الشامل والتكافـل الاجتماعي، وحسن الجوار، والحفاظ على الأموال والممتلكـات، والوفـاء بـالعهود، وغيرهـا وهـي مبـادئ تؤلف بمجموعها قواسم مشتركة بين أتباع الديانات وفئات البشر؛ ذلك أنّ أصل الديانات الإلهيّـة واحـد، والمسلم يؤمن بجميع الرسل، ولا يفرّق بين أحد مـنهم، وإنّ إنكـار رسـالة أي واحـد مـنهم خـروج عـن الإسلام، مما يؤسس إيجاد قاعدة واسعة للالتقاء مع المؤمنين بالديانات الأخـرى عـلى صـعد مـشتركة في خدمة المجتمع الإنساني دون مساس بالتميّز العقدي والاستقـلال الفكـري، مـستندين في هـذا كلـه إلى قوله تعالى (**آمَنَ الرَّسُولُ بِمَا أُنزِلَ إِلَيْهِ مِن رَّبِّهِ وَالْمُؤْمِنُونَ كُلٌّ آمَنَ بِاللَّـهِ وَمَلَائِكَتِهِ وَكُتُبِـهِ وَرُسُـلِهِ لَا نُفَرِّقُ بَيْنَ أَحَدٍ مِّن رُّسُلِهِ وَقَالُوا سَمِعْنَا وَأَطَعْنَا غُفْرَانَكَ رَبَّنَا وَإِلَيْكَ الْمَصِيرُ**)، "البقرة: ٢٨٥".

وكـرّم الإسلام الإنسان دون النظر إلى لونه أو جنسه أو دينه ولقد كـرّمنا بنـي آدم وحملنـاهم في الـبرّ والبحر ورزقناهم من الطيبات (**وَفَضَّلْنَاهُمْ عَلَىٰ كَثِيرٍ مِّمَّـنْ خَلَقْنَـا تَفْـضِيلًا**)، "الإسراء:٧٠". وأكّـد أنّ مـنهج الدّعوة إلى الـلـه يقوم على الرفق واللين (**ادْعُ إِلَىٰ سَبِيلِ رَبِّكَ بِالْحِكْمَةِ وَالْمَوْعِظَةِ الْحَسَنَةِ وَجَـادِلْهُم بِـالَّتِي هِـيَ أَحْـسَنُ**)، "النحـل: ١٢٥"، ويـرفض الغلظـة والعنـف في التوجيـه والتعبـير (**فَـبِمَا رَحْمَـةٍ مِّـنَ اللَّـهِ**

لِنتَ لَهُمْ وَلَوْ كُنتَ فَظًّا غَلِيظَ الْقَلْبِ لَانفَضُّوا مِنْ حَوْلِكَ فَاعْفُ عَنْهُمْ وَاسْتَغْفِرْ لَهُمْ وَشَاوِرْهُمْ فِي الْأَمْرِ)ـ "آل عمران:١٥٩".

وقد بيّن الإسلام أنّ هدف رسالته هو تحقيق الرّحمة والخير للناس أجمعين، قال تعالى (**وَمَا أَرْسَلْنَاكَ إِلَّا رَحْمَةً لِّلْعَالَمِينَ**)، "الأنبياء: ١٠٧"، وقال صلى الله عليه وسلم "الراحمون يرحمهم الرحمن، ارحموا من في الأرض يرحمكم من في السماء" (حديث صحيح).

وفي الوقت الذي دعا فيه الإسلام إلى معاملة الآخرين بالمثل، حثّ على التسامح والعفو اللذين يعبّران عن سمو النفس وجزاء سيئة سيئة مثلها (**فَمَنْ عَفَا وَأَصْلَحَ فَأَجْرُهُ عَلَى اللَّهِ**)، "الشورى:٤٠"، ولا تستوي الحسنة ولا السيئة، ادفع بالتي هي أحسن فإذا الذي بينك وبينه عداوة كأنه ولي حميم "فصّلت:٣٤". وقرّر مبدأ العدالة في معاملة الآخرين وصيانة حقوقهم، وعدم بخس الناس أشياءهم (**وَلَا يَجْرِمَنَّكُمْ شَنَآنُ قَوْمٍ عَلَىٰ أَلَّا تَعْدِلُوا اعْدِلُوا هُوَ أَقْرَبُ لِلتَّقْوَىٰ**)، " المائدة:٨"، إن الله يأمركم أن تؤدوا الأمانات إلى أهلها وإذا حكمتم بين الناس أن تحكموا بالعدل "النساء:٥٨"، (**فَأَوْفُوا الْكَيْلَ وَالْمِيزَانَ وَلَا تَبْخَسُوا النَّاسَ أَشْيَاءَهُمْ وَلَا تُفْسِدُوا فِي الْأَرْضِ بَعْدَ إِصْلَاحِهَا**) ، " الأعراف: ٨٥". وأوجب الإسلام احترام المواثيق والعهود والالتزام بما نصت عليه، وحرم الغدر والخيانة (**وَأَوْفُوا بِعَهْدِ اللَّهِ إِذَا عَاهَدتُّمْ وَلَا تَنقُضُوا الْأَيْمَانَ بَعْدَ تَوْكِيدِهَا وَقَدْ جَعَلْتُمُ اللَّهَ عَلَيْكُمْ كَفِيلًا**)، "النحل:٩١". وأعطى للحياة منزلتها السامية فلا قتال لغير المقاتلين، ولا اعتداء على المدنيين المسالمين وممتلكاتهم، أطفالاً في أحضان أمهاتهم وتلاميذ على مقاعد الدّراسة وشيوخاً ونساءً؛ فالاعتداء على حياة إنسان بالقتل أو الإيذاء أو التهديد اعتداء على حقّ الحياة في كل إنسان وهو من أكبر الآثام، لأنّ حياة الإنسان هي أساس العمران

البشري (**مَن قَتَلَ نَفْسًا بِغَيْرِ نَفْسٍ أَوْ فَسَادٍ فِي الْأَرْضِ فَكَأَنَّمَا قَتَلَ النَّاسَ جَمِيعًا وَمَنْ أَحْيَاهَا فَكَأَنَّمَا أَحْيَا النَّاسَ جَمِيعًا**)،"المائدة:٣٢".

الدين الإسلامي الحنيف قام على التوازن والاعتدال والتوسط والتيسير (**وَكَذَٰلِكَ جَعَلْنَاكُمْ أُمَّةً وَسَطًا لِّتَكُونُوا شُهَدَاءَ عَلَى النَّاسِ وَيَكُونَ الرَّسُولُ عَلَيْكُمْ شَهِيدا**) البقرة:١٤٣"، وقال صلى الله عليه وسلم "ويسرّوا ولا تعسروا وبشروا ولا تنفروا " (حديث صحيح)، وقد أسّس للعلم والتدبّر والتفكير ما مكن من إيجاد تلك الحضارة الإسلامية الراسخة التي كانت حلقة مهمة انتقل بها الغرب إلى أبواب العلم الحديث، والتي شارك في إنجازاتها غير المسلمين باعتبارها حضارة إنسانيّة شاملة. وهذا الدين ما كان يوماً إلاّ حرباً على نزعات الغلوّ والتطّرف والتشدّد، ذلك أنها حجب العقل عن تقدير سوء العواقب والاندفاع الأعمى خارج الضوابط البشريّة ديناً وفكراً وخلقاً، وهي ليست من طباع المسلم الحقيقي المتسامح المنشرح الصدر، والإسلام يرفضها - مثلما ترفضها الديانات السّماوية السمحة جميعها - باعتبارها حالات ناشزة وضروباً من البغي، كما أنها ليست من خواص أمّة بعينها وإنما هي ظاهرة عرفتها كلّ الأمم والأجناس وأصحاب الأديان إذا تجمعت لهم أسبابها، ونحن نستنكرها وندينها اليوم كما استنكرها وتصدّى لها أجدادنا عبر التاريخ الإسلامي دون هوادة، وهم الذين أكّدوا، مثلما نؤكد نحن، الفهم الراسخ الذي لا يتزعزع بأنّ الإسلام دين أخلاقي الغايات والوسائل، يسعى لخير الناس وسعادتهم في الدّنيا والآخرة، والدفاع عنه لا يكون إلا بوسائل أخلاقية، فالغاية لا تبرر الوسيلة في هذا الدين. والأصل في علاقة المسلمين بغيرهم هي السلم، فلا قتال حيث لا عدوان وإنما المودة والعدل والإحسان (**لَّا يَنْهَاكُمُ اللَّهُ عَنِ الَّذِينَ لَمْ يُقَاتِلُوكُمْ فِي الدِّينِ وَلَمْ يُخْرِجُوكُم مِّن دِيَارِكُمْ أَن تَبَرُّوهُمْ وَتُقْسِطُوا إِلَيْهِمْ إِنَّ اللَّهَ يُحِبُّ الْمُقْسِطِينَ**)، "الممتحنة:٨"، (**فَإِنِ انتَهَوْا فَلَا عُدْوَانَ إِلَّا عَلَى الظَّالِمِينَ**)، "البقرة:١٩٣".

وإننا نستنكر، دينياً وأخلاقياً، المفهوم المعاصر للإرهاب والذي يراد به الممارسات الخاطئة أيّاً كان مصدرها وشكلها، والمتمثلة في التعدّي على الحياة الإنسانيّة بصورة باغية متجاوزة لأحكام الله، تروع الآمنين وتعتدي على المدنيين المسالمين، وتجهز على الجرحى وتقتل الأسرى، وتستخدم الوسائل غير الأخلاقية، من تهديم العمران واستباحة المدن (**وَلَا تَقْتُلُوا النَّفْسَ الَّتِي حَرَّمَ اللَّهُ إِلَّا بِالْحَقِّ**)، "الأنعام:١٥١"، ونشجب هذه الممارسات ونرى أنّ وسائل مقاومة الظلم وإقرار العدل تكون مشروعة بوسائل مشروعة، وندعو الأمة للأخذ بأسباب المنعة والقوّة لبناء الذات والمحافظة على الحقوق، ونعي أنّ التطرّف تسبّبَ عبر التاريخ في تدمير بنى شامخة في مدنيات كبرى، وأنّ شجرة الحضارة تذوي عندما يتمكن الحقد وتنغلق الصدور. والتطرف بكل أشكاله غريب عن الإسلام الذي يقوم على الاعتدال والتسامح. ولا يمكن لإنسان أنار الله قلبه أن يكون مغالياً متطرفاً. وفي الوقت نفسه نستهجن حملة التشويه العاتية التي تصوّر الإسلام على أنه دين يشجّع العنف ويؤسّس للإرهاب، وندعو المجتمع الدولي، إلى العمل بكل جدّية على تطبيق القانون الدولي واحترام المواثيق والقرارات الدوليّة الصادرة عن الأمم المتحدة، وإلزام كافة الأطراف القبول بها ووضعها موضع التنفيذ، دون ازدواجية في المعايير، لضمان عودة الحقّ إلى أصحابه وإنهاء الظلم، لأنّ ذلك من شأنه أن يكون له سهم وافر في القضاء على أسباب العنف والغلوّ والتطرف.

إنّ هدي هذا الإسلام العظيم الذي نتشرف بالانتساب إليه يدعونا إلى الانخراط والمشاركة في المجتمع الإنساني المعاصر والإسهام في رقيّه وتقدّمه، متعاونين مع كل قوى الخير والتعقّل ومحبّي العدل عند الشعوب كافةً، إبرازاً أميناً لحقيقتنا وتعبيراً صادقاً عن سلامة إيماننا وعقائدنا المبنية على دعوة الحق سبحانه وتعالى للتآلف والتقوى، وإلى أن نعمل على تجديد مشروعنا الحضاري القائم على هدي الدين، وفق خطط علمية

عمليّة محكمة يكون من أولوياتها تطوير مناهج إعداد الدعاة بهدف التأكد من إدراكهم لروح الإسلام ومنهجه في بناء الحياة الإنسانيّة، بالإضافة إلى إطلاعهم على الثقافات المعاصرة، ليكون تعاملهم مع مجتمعاتهم عن وعي وبصيرة، قل هذه سبيلي أدعو إلى الله على بصيرة أنا ومن اتبعني "يوسف:١٠٨"، والإفادة من ثورة الاتصالات لردّ الشبهات التي يثيرها أعداء الإسلام بطريقة علميّة سليمة دون ضعف أو انفعال وبأسلوب يجذب القارئ والمستمع والمشاهد، وترسيخ البناء التربوي للفرد المسلم القائم على الثوابت المؤسّسة للثقة في الذات، والعاملة على تشكيل الشخصيّة المتكاملة المحصنة ضدّ المفاسد، والاهتمام بالبحث العلمي والتعامل مع العلوم المعاصرة على أساس نظرة الإسلام المتميزة للكون والحياة والإنسان، والاستفادة من إنجازات العصر في مجالات العلوم والتكنولوجيا، وتبنّي المنهج الإسلامي في تحقيق التنمية الشّاملة الذي يقوم على العناية المتوازنة بالجوانب الروحيّة والاقتصاديّة والاجتماعيّة، والاهتمام بحقوق الإنسان وحريّاته الأساسية، وتأكيد حقّه في الحياة والكرامة والأمن، وضمان حاجاته الأساسية، وإدارة شؤون المجتمعات وفق مبادئ العدل والشورى، والاستفادة مما قدّمه المجتمع الإنساني من صيغ وآليات لتطبيق الديمقراطيّة. والأمل معقود على علماء أمتنا أن ينيروا بحقيقة الإسلام وقيمه العظيمة عقول أجيالنا الشابّة، زينة حاضرنا وعدّة مستقبلنا، بحيث تجنبهم مخاطر الانزلاق في مسالك الجهل والفساد والانغلاق والتبعيّة، وتنير دروبهم بالسماحة والاعتدال والوسطية والخير، وتبعدهم عن مهاوي التطرّف والتشنج المدمّرة للروح والجسد؛ كما نتطلع إلى نهوض علمائنا إلى الإسهام في تفعيل مسيرتنا وتحقيق أولوياتنا بأن يكونوا القدوة والمثل في الدين والخلق والسّلوك والخطاب الرّاشد المستنير، يقدمون للأمّة دينها السمح الميسر وقانونه العملي الذي فيه نهضتها وسعادتها، ويبثون بين أفراد الأمة وفي أرجاء العالم الخير والسلام والمحبة، بدقة

العلم وبصيرة الحكمة ورشد السياسة في الأمور كلها، يجمعون ولا يفرقون، ويؤلفون القلوب ولا ينفرونها، ويستشرفون آفاق التلبية لمتطلبات القرن الحادي والعشرين والتصدي لتحدياته.

والله نسأل أن يهيئ لأمتنا الإسلامية سبل النهضة والرفاه والتقدّم، ويجنبها شرور الغلوّ والتطرف والانغلاق، ويحفظ حقوقها، ويديم مجدها، ويرسخ عزّتها، إنه نعم المولى ونعم النصير.

قال تعالى: (وَأَنَّ هَـٰذَا صِرَاطِي مُسْتَقِيمًا فَاتَّبِعُوهُ وَلَا تَتَّبِعُوا السُّبُلَ فَتَفَرَّقَ بِكُمْ عَن سَبِيلِهِ ذَٰلِكُمْ وَصَّاكُم بِهِ لَعَلَّكُمْ تَتَّقُونَ)، "الأنعام: ١٥٣".

وآخر دعوانا أن الحمد لله رب العالمين،،

عمّان- المملكة الأردنية الهاشمية

رمضان المبارك، ١٤٢٥ هجرية

تشرين الثاني، ٢٠٠٤ ميلادية

١-تحليل وثيقة رسالة عمّان:

بدأت رسالة عمان كبيان مفصّل أصدره صاحب الجلالة الملك عبدالله الثاني ابن الحسـين، عشيّة السابع والعشرين من رمضان المبارك عام ١٤٢٥هـ/ التاسع من تـشرين الثاني (نوفمبر) عام ٢٠٠٤م، في عمّان، الأردن. وغايتها أن تعلن على الملأ حقيقة الإسلام وما هو الإسلام الحقيقي، وتنقية ما علق بالإسلام مما ليس فيه، والأعمال التي تمثّله وتلك التي لا تمثّله. وكان هدفها أن توضح للعالم الحديث الطبيعة الحقيقية للإسلام وطبيعة الإسلام الحقيقي.

وكان الأردن بما حباه الله تعالى مـن قيادة هاشمية، تشكل بإيمانها برسالة الإسلام العظيم امتداداً لحملـة الرسالة ودعـاة الإيمـان، سبّاقا في حمـل رسالة الإسلام

وتوضيحها، فكان صاحب الجلالة الملك عبدالله الثاني ابن الحسين حفظه الله يدعو ويحاور ويدافع عن هذه الرسالة في كل بقعة من بقاع الدنيا، مبنياً حجم التشويه الذي يتعرض له الإسلام على يد أعدائه وبعض المنحرفين من لبنائه، وتمثل رسالة عمان محور هذه الجهود.

ومن أجل إعطاء البيان شرعية دينية أكبر، بعث جلالة الملك عبدالله الثاني بالأسئلة الثلاثة التالية إلى أربعةٍ وعشرين عالماً من كبار علماء المسلمين من ذوي المكانة المرموقة من جميع أنحاء العالم، يمثلون جميع المذاهب والمدارس الفكرية في الإسلام:

١. تعريف من هو المسلم؟
٢. وهل يجوز التكفير ؟
٣. ومن له الحق في أن يتصدّى للإفتاء؟

واستناداً إلى الفتاوى التي أصدرها هؤلاء العلماء الكبار (الذين من بينهم شيخ الأزهر، وآية الله السيستاني، والشيخ القرضاوي)، دعا جلالة الملك عبدالله الثاني، في تموز (يوليو) ٢٠٠٥م، إلى عقد المؤتمر الإسلامي الدولي الذي شارك فيه مائتان من العلماء المسلمين البارزين من خمسين بلداً. وفي عمّان، أصدر العلماء بالإجماع توافقهم على ثلاث قضايا رئيسية غدت تعرف فيما بعد كـ "محاور رسالة عمّان الثلاثة"، وهي:

(١) إنّ كل من يتّبع أحد المذاهب الأربعة من أهل السنّة والجماعة (الحنفي، والمالكي، والشافعي، والحنبلي) والمذهب الجعفري، والمذهب الزيدي، والمذهب الإباضي، والمذهب الظاهري، فهو مسلم، ولا يجوز تكفيره. ويحرم دمه وعرضه وماله. وأيضاً، ووفقاً لما جاء في فتوى فضيلة شيخ الأزهر، لا يجوز تكفير أصحاب العقيدة الأشعريّة، ومن يمارس التصوّف الحقيقي. وكذلك لا يجوز تكفير أصحاب الفكر السلفي الصحيح.

كما لا يجوز تكفير أي فئة أخرى من المسلمين تؤمن بالله سبحانه وتعالى وبرسوله صلى الله عليه وسلم وأركان الإيمان، وتحترم أركان الإسلام، ولا تنكر معلوماً من الدين بالضرورة.

(٢) إنّ ما يجمع بين المذاهب أكثر بكثير ممّا بينها من الاختلاف. فأصحاب المذاهب الثمانية متفقون على المبادئ الأساسية للإسلام. فكلّهم يؤمنون بالله سبحانه وتعالى، واحداً أحداً، وبأنّ القرآن الكريم كلام الله المنزّل، وبسيدنا محمد عليه الصلاة والسلام نبياً ورسولاً للبشرية كافّة. وكلهم متفقون على أركان الإسلام الخمسة: الشهادتين، والصلاة، والزكاة، وصوم رمضان، وحجّ البيت، وعلى أركان الإيمان: الإيمان بالله، وملائكته، وكتبه، ورسله، واليوم الآخر، وبالقدر خيره وشرّه. واختلاف العلماء من أتباع المذاهب هو اختلاف في الفروع وليس في الأصول، وهو رحمة. وقديماً قيل: إنّ اختلاف العلماء في الرأي أمرٌ جيّد.

(٣) إنّ الاعتراف بالمذاهب في الإسلام يعني الالتزام بمنهجية معينة في الفتاوى: فلا يجوز لأحد أن يتصدّى للإفتاء دون مؤهّلات شخصية معينة يحددها كل مذهب، ولا يجوز الإفتاء دون التقيّد بمنهجية المذاهب، ولا يجوز لأحد أن يدّعي الاجتهاد ويستحدث مذهباً جديداً أو يقدّم فتاوى مرفوضة تخرج المسلمين عن قواعد الشريعة وثوابتها وما استقرَّ من مذاهبها.

وقد تبنت القيادات السياسية والدينية في العالم الإسلامي هذه النقاط الثلاث بالإجماع. فكان محصلة ذلك أن ما يزيد على خمسمائة عالم إسلامي بارز من مختلف أرجاء العالم وافقوا بالإجماع على رسالة عمّان ومحاورها الثلاثة.

من هنا خاطبت رسالة عمان فئتين من الناس:

١. إخواننا في أرجاء المعمورة.

٢. الناس في مختلف أرجاء المعمورة

كما تدعو الرسالة عمان إلى مصارحة الأمة بما يواجهها من تحديات تتمثل بـ:

١. تهديد الهوية وتفريق الكلمة.

٢. العمل على تشويه الدين والنيل من المقدسات.

- ميزت رسالة عمان بين أنواع من العلاقات القائمة على المبادئ، والقواعد النـاظمـة للسـلوك الإنساني من حيث:

١. علاقة العبد بالله تعالى.

٢. علاقة الإنسان بأخيه الإنسان من حيث وحدة الجنس، والمـساواة في الحقوق والواجبـات، السلام والعدل والالتزام بالمواثيق.... الخ.

٣. علاقة المسلمين بغيرهم.

- أكدت رسالة عمان على الأمور التالية:

١. أكدت مبادئ القانون الدولي الإنساني تحريم قتل المـدنيين غـير المقـاتلين والمؤسـسات المدنية.

٢. أكدت اتفاقيات حقوق الإنسان صون كرامة الإنسان وحفظ حياته دون الالتفـات إلى دينه أو جنسه أو عرقه أو لونه أو مذهبه

٣. لا تعارض بين ما نص عليه الإسلام منذ عشرة قرناً وما أكدته المواثيق والعهـود الدوليـة السائدة.

- كما أكدت الرسالة على محارب الإرهاب بمختلف أشكاله وممارساته والتطرف ومظاهره والمتمثلة في التعدي على الحياة الإنسانية بصورة متجاوزة لأحكـام اللـه، تـروع الآمنـين وتعتدي على المدنيين المسالمين، وتجهز على الجرحى وتقتل الأسرى وتتبع معهم اشد أنواع التعذيب، بل يجب إبراز سماحة الإسلام وعدالته والوسطية.

- كما أكدت الرسالة على دعوة الإسلام إلى الانخراط مع المجتمع الإنساني المعاصر، وتطوير كل السبل من خلال المناهج المدرسية وسائل الإعلام على مختلف أشكالها

في توضيح هذه الرسالة من خلال علماء الأمة وأساتذتها في كل بقاع العالم في توضيح صورة السلام الحقيقية وتنقية ما لحق به من تصورات خاطئة.

- لقد دعت رسالة عمان إلى تأكيد ما يدعوا إليه الإسلام وكل الديانات الأخرى وهي:

  - المساواة بين الناس في الحقوق والواجبات.

  - إعطاء كل فرد الحق في أن ينال حقه من العلم والثقافة ما يشاء.

  - المساواة بين حقوق المسلمين وغير المسلمين.

  - اقر حق الحرية، والحرية السياسية، والرأي الآخر.

  - منح حق حماية النفس والأعراض والأموال.

  - اقر مبدأ الاحترام الإنساني المتبادل.

  - اقر مبدأ الحوار مع الآخر (الحوار بين الحضارات والتعارف بين الشعوب).

  - أقر مبدأ أن الإنسان يولد حراً "متى استعبدتم الناس وقد ولدتهم أمهاتهم أحرارا"عمر ابن الخطاب رضي الله عنه.

- رسالة عمان توضح أن الإسلام ركز على إشاعة ثقافة التفكير عوضاً عن ثقافة التفكير والغلو والإرهاب والتطرف والتشدد والظلامية.

- رسالة عمان ترى أن الإسلام دين أخلاقي الغايات والوسائل يسعى لخير الناس وسعادتهم في الدنيا والآخرة والدفاع عنه لا يكون إلا بوسائل أخلاقية فالغاية لا تبرر الوسيلة في هذا الدين الأصل في علاقة المسلمين بغيرهم هي السلم فلا قتال حيث لا عدوان وإنما المودة والعدل والإحسان.

- رسالة عمان ترى أن الإسلام يدعونا جميعا إلى الانخراط والمشاركة في المجتمع الإنساني المعاصر والإسهام في رقية وتقدمه متعاونين على كل قوى الخير والتعقل ومحبي العدل عند الشعوب كافة.

- رسالة عمان تؤكد على ضرورة تعزيز حوار الثقافات وحوار الأديان وإعداد وتهيئة الشباب في عالم شديد التعقيد وسريع التغير وتجنبهم مخاطر الانزلاق في مسالك الجهل والفساد والانغلاق والتبعية.

- رسالة عمان تؤكد على ضرورة بناء قدرات الدعاة وفق مفردات الزمان الجديد من حيث التركيز على روح الإسلام وقيمه السامية والمرونة والانفتاح على الآخر والاستفادة من ثمرات ثورة الاتصالات والانفجار المعرفي والمعلوماتية.

إن هذا يُعد بمثابة إجماع تاريخي ديني وسياسي من أمة الإسلام في أيامنا هذه، وتعزيز لصورة الإسلام الحنيف. و أهمية هذا، هو:

(١) أن هذه هي المرّة الأولى منذ ما يزيد على ألف عام تتوصل فيها الأمة رسمياً وبصورة مُحدّدة إلى مثل هذا الاعتراف المتبادل بين المذاهب المتعددة.

(٢) وأن مثل هذا الاعتراف ملزم قانونياً للمسلمين، لأن الرسول صلى الله عليه وسلم قال: "إن أمتي لا تجتمع على ضلالة" (ابن ماجة، السنن، كتاب الفتن، حديث رقم ٣٩٥٠).

وهذه أخبار طيبة، ليس للمسلمين الذين يوفر لهم قاعدة للوحدة وحلاً للتنازع فيما بينهم فحسب، ولكن لغير المسلمين أيضاً؛ ذلك أن حماية المذاهب في الإسلام، تعني بالضرورة الحفاظ على الضوابط ووسائل الرقابة الداخلية في الإسلام. وبهذا تضمن وجود حلول إسلامية متوازنة للقضايا الرئيسية مثل حقوق الإنسان، وحقوق المرأة، وحرية الأديان، والجهاد المقبول شرعاً، والمواطنة الصالحة للمسلمين في البلدان غير الإسلامية، والحكومة العادلة الديمقراطية. كما أنها تعرّي آراء الأصوليين المتطرفين والإرهابيين، غير المقبولة شرعاً من وجهة نظر الإسلام الحقيقي. ويحضرنا في هذا المقام ما صرّح به جورج يو وزير خارجية سنغافورة في

الدورة الستين للجمعية العامة للأمم المتحدة (حول رسالة عمّان)، عندما قال: " إن الحرب ضد الإرهاب ستكون أكثر صعوبة دون هذا التوضيح".

وأخيراً، مع أنه يعتبر هذا، بفضل اللـه، إنجازاً تاريخياً، فمن الواضح أنه سيبقى قليل الفاعلية إن لم يمارس في كل مكان. ولهذا يسعى جلالة الملك عبداللـه الثاني الآن لتنفيذه، بمشيئة اللـه، من خلال إجراءات عملية متنوعة، تشمل:

(١) المعاهدات ما بين المسلمين.

(٢) و التشريعات الوطنية والعالمية التي تستفيد من المحاور الثلاثة لرسالة عمّان لتعريف الإسلام وعدم إجازة التكفير.

(٣) و الاستفادة من النشر ووسائل الإعلام المتعددة في مختلف المناحي لنشر رسالة عمّان.

(٤) و إدخال تدريس رسالة عمّان في المناهج المدرسية والمواد الدراسية الجامعية في أنحاء العالم.

(٥) و جعل رسالة عمّان جزءًا من برنامج التدريب لأئمة المساجد وتضمينها في خطبهم ومواعظهم ودروسهم الدينية.

يقول اللـه تعالى: (لَّا خَيْرَ فِي كَثِيرٍ مِّن نَّجْوَاهُمْ إِلَّا مَنْ أَمَرَ بِصَدَقَةٍ أَوْ مَعْرُوفٍ أَوْ إِصْلَاحٍ بَيْنَ النَّاسِ وَمَن يَفْعَلْ ذَٰلِكَ ابْتِغَاءَ مَرْضَاتِ اللَّهِ فَسَوْفَ نُؤْتِيهِ أَجْرًا عَظِيمًا) النساء: ١١٤.

خامساً: نص المبادرة الملكية شعار" الأردن أولا:

بسم اللـه الرحمن الرحيم دولة الأخ علي أبو الراغب حفظه اللـه

رئيس وزرائنا الأفخم

تحية أردنية هاشمية عربية وبعد،

فقد حتمت علينا الظروف التي تمـر بها منطقتنا والتحـديات التـي يفرضها الواقع العـالمي المحيط بنا والذي نتأثر به ونؤثر فيه، أن نركز جل جهودنا الرسمية والشعبية نحو قضايا شعبنا وأولويات وطننا ومصالحه.

وكان إطلاق "شعار الأردن" أولاً خطة عملنا التي من شأنها أن تصهر الأردنيـين والأردنيات في نسيج اجتماعي موحد، يحفز حسهم بالانتماء لوطنهم والاعتزاز بوطنيتهم وعروبتهم وإسـلامهم في مناخ من الحرية والديمقراطية والتعددية والتسامح والعدالة الاجتماعية.

ومن هذا المنطلق فقد كـان مـن الحتمـي في الجـوهر أن نتـشارك في القناعـة، كـما في وحـدة الهدف بأن "الأردن أولاً" هو أكثر من شعار، بل هو مبدأ وطني نريد تكريسه نهج عمـل وممارسـة يومية لكل أردني وأردنية أمن بهذا الوطن موئلا وحضناً دافئاً ومستقبلاً واعداً وسـعى إلى تحقيـق ذاته عبر وطنه، لا من خلال ولاءات خارجية، مهما كانت غاياتها أو أهدافها.

والأردن الفخور بهويته الإسلامية وانتمائه العربي والمدافع دومـاً عـن حقـوق الأمـة ومصالحها سيبقى كعهد أمته به، رافعاً لـشعار الوحـدة والبنـاء والتـضامن العـربي، ومتمـسكاً بمبـادئ الـدين الإسلامي السمحة، لن تكون دعوته لشعار "الأردن أولاً" دعوة للانغلاق، بقدر ما هي إيمان وقناعـة بأن قوة الأردن الإقتصادية والسياسية وأمنه الإجتماعي ضروريات إلزامية يجب أن يحفظها لذاته لكي يقوي محيطه العربي ويساند أشقائه العرب.

والأردن أولاً لكي ينجح في أدائه، يجب أن يكون حالة ذهنية صافية وفعلاً إرادياً وليس "ردة فعل" آنية تريح ضمير قائلها، ويكتفي بقولها وترددها، بل الهدف الأساس هو تحفيز الطاقات الإيجابية لدى الإنسان الأردني إرادياً، وإلى إعادة النظر في سلم أولوياته، لكي يتيقن أن سعيه وجهده وقضيته وهمومه وطموحاته وأهدافه وآماله كلها تبدأ "بالأردن أولاً".

والأردن أولاً يجب أن يكون القاسم المشترك للأردنيين والأردنيات من مختلف أصولهم ومهما تباينت توجهاتهم وآرائهم ومذاهبهم ومعتقداتهم وأعراقهم. وهذا المفهوم يجب أن نكرسه بدءاً من الأسرة والمدرسة والجامعة ومراكز الشباب وفي مؤسسات المجتمع الأهلي والحكومي كافة، ليصبح هذا المفهوم حقيقة وواقعاً ملموساً وفعلاً إراديا.

وبناء على هذا الفعل الإرادي، وفي خضم المزج بين الأوليات التي تؤثر على صفاء تفكيرنا وفعالية أدائنا، فنحن بحاجة إلى "فكرة محور" وإلى "منطلق وطني صرف وأساسي" يكون بدءاً للتفكير والممارسة، ومقياساً للأداء والمواطنة، فالمجتمع الصحي الناجح هو مجموعة الخلايا أو الأفراد الذين يؤلفون نسيجه الاجتماعي ووحدته.

ولتحقيق ذلك يتحتم علينا أن نعتمد "الأردن أولاً" على أساس كونه خطة عمل وجامعاً مشتركاً لنسيج مجتمعنا الموحد، للأردني والأردنية في القرية والبادية والمخيم والمدينة، للطالب في مدرسته وجامعته، وللجندي الذي يحرس الحدود، للمثقف والسياسي والنقابي وللحزبي، أكان إسلامياً أم قومياً أم وسطياً، وبعيداً عن كل الانحيازات السياسية والدينية والعرقية، علينا أن نسعى إلى عقد اجتماعي يرسخ بالممارسة اليومية سلم أولوياتنا انطلاقا من هذه "الأولوية الأولى". إن الحاجة إلى هذا الأمر هي حتمية ولا تحتمل التأخير والارتجال، ولزاماً علينا أن

تمنح "الأردن أولاً" مناعة متكاملة في مواجهة الأفكار السلبية أو التأويلات الاتهامية التي قد تحاول عن جهل أو سوء نية، الخروج "بالأردن أولاً" من جوهره النظيف والسامي، إلى زاوية عنصرية ضيقة. وهذا ما نربأ به على أنفسنا وشعبنا ولن نقبله أبداً.

إن الطبيعة البشرية، في جوهرها، تسعى إلى حماية ذاتها وإلى تطوير مستوى معيشتها، لذا علينا أن ننطلق "بالأردن أولاً" من أرضية اقتصادية واجتماعية صلبة، دون أن نقع في فخ الشعارات السياسية المتناقضة، ذلك أننا إذا أرسينا "الأردن أولاً" على واقع الاقتصاد والمجتمع، ونحقق لشعبنا الاستقرار والازدهار وبالتالي مصالحة الذات، فإننا سنصل أخيراً إلى الصفاء السياسي بشكل عفوي ودون افتعال.

ونرى أن هذه القناعات التي نعلم أن شعبنا مؤمن بها لا يمكن أن تكون حقيقة أساسية، دون إعادة النظر في بعض طروحات ممثلي فعاليات شعبنا وأحزابنا ونقاباتنا ليكون الهم الأردني عند الجميع متقدما على أي هموم أو قضايا أخرى، فالمعارضة يجب أن تكون معارضة لسياسات الحكومة وليس لنهج الدولة وثوابتها، وعليها أن تعارض من أجل قضايا شعبنا الأردني ومصالحه ومن أجل بناء الذات الأردنية، قبل دفاعها عن مصالح وأهداف أخرى. والصحافة الأردنية يجب أن تمنح مساحاتها الأكبر لمعالجة الشأن الأردني الداخلي وهموم المواطنين وقضاياهم قبل الاهتمام بقضايا خارجية.

إن هذه القناعة، وإن بدت بديهية تحتاج منا جميعاً إلى عمل دؤوب ورؤية واضحة، لكي تصل رسالتنا هذه إلى فعاليات شعبنا كافة، بقطاعيه العام والخاص وبفعالياته التربوية والأكاديمية والاجتماعية، فالاستحقاقات الصعبة التي يواجهها الوطن وينتصر عليها، إنما هي تلك التي تبدو سهلة في ظاهرها، لكنها منهكة في تفاصيلها، لذلك فاعتماد "الأردن أولاً" هو اعتماد يتطلب منا مواجهة كل الاحتمالات السلبية،

وتجنيد جميع طاقات مجتمعنا الأهلي الإيجابية، لكي يسمو على الاختلاف بالوطنيـة، ويتجنـب الخـلاف بالوحدة، ولكي يحول الفروقات إلى غنىً حضاري وإنساني. ولهذا كله ومن أجـل "الأردن أولاً" فإننـا نـرى ضرورة تشكيل هيئة وطنية تحظى بدعمنا ومساندتنا وتعمل بتوجيهاتنا، وتبحث في السبل وآليـات العمل التي توصل رسالة "الأردن أولاً" وترسخ هذه الفكرة في الممارسة اليوميـة، كـما في مختلـف أركـان المجتمع التربوية والاقتصادية والاجتماعية والتنموية من الذوات التالية أسماؤهم:

سماحة الشيخ عز الدين الخطيب التميمي

معالي السيد مروان دودين

معالي الدكتور عبد الله النسور

معالي الدكتور رجائي الدجاني

معالي المهندس سعيد بينو

معالي المهندس سمير الحباشنة

معالي السيد عبد الكريم الدغمي

معالي السيد ايمن المجالي

معالي السيد صالح القلاب

معالي السيد عبد الرحيم العكور

معالي الدكتور باسم عوض الله

معالي الدكتورة رويدة المعايطة

معالي المهندس سعد هايل السرور

معالي الدكتور ممدوح العبادي

عطوفة السيد عاصم غوشة

سعادة السيدة صبحية المعاني

عطوفة الدكتورة سيما بحوث

عطوفة الدكتور محمد المصالحة

عطوفة السيد امجد العضايلة

سعادة الدكتور مصطفى حمارنه

سعادة السيد صبيح المصري

سعادة السيد محمود الخرابشة

سعادة الدكتور سعد حجازي

سعادة السيد باسم السالم

سعادة السيد عريب الرنتاوي

سعادة السيدة سهير العلي

سعادة السيدة رنا الصباغ

سعادة السيد غازي أبو جنيب الفايز

سعادة الدكتور حسين توقة

سعادة الدكتور وجيه عويس

سعادة السيد أحمد سلامة

وستتولى هذه الهيئة إنهاء المهمة المناطة بها في المرحلة الأولى على أن يتم تكليف هيئات ولجان أخرى في مراحل لاحقه لتتولى متابعة هذا الأمر بما يليق ورؤيتنا لأردن المستقبل.

حفظ الله العلي القدير الأردن وطناً أردنياً هاشمياً عربياً وأبقاه حراً عزيزاً تسمو به هامات الأردنيين والأردنيات ويحققون ذاتهم من خلاله.

والسلام عليكم ورحمة الله وبركاته،،

عبد الله الثاني ابن الحسين

عمان في ٢٣ شعبان ١٤٢٣ هجرية

الموافق ٣٠ تشرين الأول ٢٠٠٢ ميلادية

١- تحليل المبادرة الملكية لشعار " الأردن أولا":

أ- أهداف طرح الشعار

١. تحسين نوعية حياة المواطن.
٢. تحسين التعليم والإنتاجية وتوسيع قاعدة الاقتصاد لزيادة العمالة ومحاربة البطالة والفقر.
٣. تطوير مهارات المواطن الأردني إلى أقصى ما تسمح به قدراته.

ب- مرتكزات شعار الأردن أولا:

١. خطة عمل يجب أن يترجم في خطة عمل من شانها أن تصهر الأردنيين في بوتقة اجتماعية موحدة تحفز حسهم بالانتماء لوطنهم والاعتزاز بالأردن والعروبة في مناخ من الحرية والديمقراطية والتسامح والعدالة الاجتماعية.
٢. مبدأ وطني راسخ ينبغي أن تعمل ترسيخه نهج عمل وممارسة يومية لكافة المؤسسات الوطنية.
٣. ينبغي تكريسه بجا من الأسرة مرورا بالمدرسة لمختلف مستوياتها وانتهاء بالمؤسسات المجتمع كافة.

اعتبار شعار الأردن أولا شعورا متوقدا لا شعارا يرفع ولا هدفا يقال وحسب يشكل الحلقة المضيئة والأمر النافذ لكل الوطنيين الأردنيين الذين يرون في صدق انتمائهم لوطنهم بوابة الوفاء للأمة.

هي أن الأردن أولا نداء هاشمي بناء ونهج يبني على ما سبق ويسعى إلى فتح الأبواب لسياسيات وبرامج في التنمية والتربية والثقافة والإعلام لجيل من الشباب الأردني يكون معتزا بوطنه فخورا بعرش ملكه مزهوا بديمقراطيته ومشاركته بفعالية ومسؤولية في بلورة المجالس النيابية المتلزمة والمنتمية للأردن.

ج- أبعاد الشعار :

- البعد الفكري: فالشعارات لا تأتي من فراغ، بل توضع لتحديد معالم المرحلة التي تمر بها الأوطان ولقد رفع الأردن شعارات مختلفة لكل مرحلة من مراحل بناء الدولة فمثلاً في الستينات من القرن الماضي رفع شعار " فلنبني هذا البلد ولنخدم هذه الأمة" وفي السبعينات والثمانينات "الإنسان أغلى ما نملك " وفي بداية القرن الحالي " على قدر أهل العزم " وانتهاء بشعار الأردن أولا وهو ينصب على بناء الأردن الحديث القوي الذي يواكب التطورات المتسارعة في عصر المعلومات.

- البعد العقائدي: الأردن هو وريث الثورة العربية الكبرى ومبادئه مبادئ الثورة العربية الكبرى التي تتجلى في الوحدة والحرية والعدالة الاجتماعية وتحقيق هذه الأهداف في رسالة الأردن. ونعني بالحرية الحرية المسؤولة التي تعمل من اجل بناء الأردن وتقدم شعبه والمحافظة على أمنه واستقراره، ونعني بالوحدة في هذه المرحلة قيام اتحادات اقتصادية واجتماعية وتحالفات سياسية وهذا لا يكون إلا في بناء الأردن القوي اقتصادية واجتماعية وفكرية.

- ج. البعد الديني: يتعرض الإسلام إلى حملة شرسة من قبل أناس جاهليين بهذا الدين وأحكامه ومن هنا جاء شعار الأردن أولا ليطرح مفهوم الدولة الوسطية وهذا يتطلب قيام نظام ديمقراطي يؤمن بأهمية الحياة على هذه الدولة لا تدميرها.

شعار الأردن أولاً هو أحد الشعارات الوطنية والذي يحمل في طياته معاني أسماها النظر إلى العالم بعيون أردنية وصفات المواطن الأردني التي تمتاز بالنخوة والمروءة والطيبة والشهامة وهذه جزء بسيط مما يتمتع به أهل الأردن.

والحقيقة في هذا الشعار هو أن نجعل الوطن في مقدمة جميع أولويات حياتنا اليومية، وهذا ما تحاول الجهات الوطنية ترسيخه لدى المواطنين وانتشار الشعار على مختلف الأعمال الوطنية والمشاريع والطرقات وذلك بهدف إبراز حب هذا الوطن الدافئ.

ومن هنا فهذه رسالة مني لجميع الأخوان في الأردن لدعوتهم إلى التماسك والتلاحم والابتعاد عن الاختلافات والتناطح وهذا ما لا يخدم الوحدة الوطنية بل يخدم أعداء الأردن،، وحيث أنه من المعروف أن مثل هذه الحيل ((فرق تسد)) هي من صميم الأعمال الإرهابية التي يسلطها العدوان في دولة بهدف إشغاله عن تخطيطاته ونواه و لخلق نقاط ضعفٍ لديه بهدف التغلب عليه، عليه أدعوا الشعب الأردني إلى التماسك والتلاحم، وعدم الانصياع والانجراف وراء المندسين ممن لا يهمهم مصالح البلد ويسعون إلى الفساد فيها لإطماع مادية بحت.

٢- ثوابت الشعار:

ولقد تضمنت هذه الوثيقة مفاهيم عشرة تفسر الشعار وتوضحه وتبين مقاصده النبيلة في تحقيق الأردن أولا وترجمته إلى ممارسة وأسلوب حياة وفق ما تصبون إليه جلالتكم وهي كالتالي:

❖ أولا في المفهوم: الأردن أولا، مشروع نهضة واستنهاض يحرك مكامن القوة عند الفرد والمجتمع ويستكمل ما بدأه الرواد والبناة الأوائل ويؤسس لمرحلة جديدة من التنمية الاقتصادية والاجتماعية والسياسية والثقافية والتربوية والإدارية وهي تنمية تطلق طاقات شباب الأردن وشاباته وتحفز عملهم المبدع، النابع من الاعتزاز بالانتماء لوطنهم.

❖ الأردن أولا، توافق اجتماعي بين الأردنيين والأردنيات أفرادا وجماعات حكومة ومعارضة يؤكد على تغليب مصلحة الأردن على غيرها من

الحسابات والمصالح ويعيد صياغة علاقة الفرد بالدولة فهي لجميع أبنائها وبناتها على حد سواء، لهم منها العدالة والمساواة وسيادة القانون والشفافية وحق المساءلة وعليهم حيالها واجب احترام قوانينها وهيبتها وصون ثوابتها وحماية استقرارها وأمنها الوطني والذود عن مصالحها بكل إخلاص وتفان.

❖ الأردن أولا، بوتقة انصهار تعمل على تمتين النسيج الوطني لجميع الأردنيين والأردنيات وتحترم تنوع مشاربهم وأصولهم واتجاهاتهم وأعراقهم ومشاعرهم وتسعى إلى دمجهم وطنيا ومجتمعيا لتكون تعدديتنا الأردنية مصدر قوة لمجتمع مدني حديث ومتماسك يزدهر في مناخات من الحرية والديمقراطية البرلمانية وسيادة القانون والعدالة الاجتماعية وتكافؤ الفرص.

❖ الأردن أولا، استثمار في الإنسان الأردني في تعليمه وتأهيله وتدريبه وصحته ورفاهه ليكون اساسا لمستقبل أردني واعد بالعلم والمعرفة والانجاز.

❖ الأردن أولا، تكريس لمفهوم المواطنة كحق أساسي لكل مواطن أردني كفله الدستور لا يجوز الانتقاص منه وهي عامل ايجابي محفز على تعميق المشاركة السياسية وتخطي النزعات السلبية وعنوانها: لا فضل لأحد على الآخر إلا بما يقدمه لوطنه وشعبه.

❖ الأردن أولا، دعوة لمؤسسات مجتمعنا المدني من أحزاب ونقابات ومنظمات أهلية لإعادة ترتيب سلم أولوياتها كل حسب اختصاصه مستوحية روح هذا المفهوم ومضامينه ساعية في رفع إسهامها في هذا المشروع النهضوي لبناء الأردن الحديث بتركيز العمل على تحقيق التنمية الاقتصادية والاجتماعية والسياسية وإيجاد الفرص الإنتاجية ومحاربة الفقر والبطالة وتحسين مستوى معيشة المواطن.

- ❖ الأردن أولا، دعوة لوسائل الإعلام ومؤسسات التوجيه الوطني كافة لتبني قضايا الوطن، والاهتمام بقضايا مواطنيه في مناخات من التعددية والحرية المسؤولة والاستقلالية والمهنية المتطورة التي تتوخى الدقة والموضوعية وتحترم الحقيقة وعقل المواطن وحقوقه.
- ❖ الأردن أولا، ضمانة لدور المعارضة الوطنية في البلاد على قواعد احترام الدستور والقوانين وأولويات الوطن معارضة تكون لممارسات وسياسات حكومية وليس لثوابت الدولة.
- ❖ الأردن أولا، تأكيد على أن أردننا قويا عزيزا منيعا هو مصدر قوة واقتدار لامته ورافعة لتعزيز صمود الأهل والأشقاء في فلسطين مستندا في ذلك إلى ارث موصول من الالتزام بالمصالح القومية.
- ❖ الأردن أولا، فلسفة حكم ونهج قيادة ينهض على ضرورة وضع المصلحة الوطنية الأردنية في صدارة اهتمامات الدولة والوطن، الحكم والحكومة والمجتمع الأهلي من دون انكفاء عن قضايا الأمة العربية وهمومها ومن غير انعزال عن الدائرة الإسلامية الأوسع التي ظل الأردن الهاشمي في موقع البؤرة منها على الدوام فالشعب الأردني وفقا للدستور جزء من الأمة العربية والإسلام دين الدولة.

سعى الخطاب الأردني في ترسيخ مفهوم الأردن أولا إلى تحقيق الغايات التالية:

١. أهمية المواطنة
٢. ترسيخ النهج الديمقراطي
٣. تعميق الشعور بالهوية الوطنية
٤. محاربة ظاهرة الفساد والمفسدين
٥. الاهتمام بقطاع الشباب

٦. تنمية الموارد البشرية من خلال الاستثمار بالإنسان الأردني

٧. تعديل القوانين وفق هذه السياسة هذا الشعار

٨. محارة الفقر والبطالة

٩. تفعيل دور الإعلام الوطني الهادف بما يخدم مصلحة الوطن أولا

١٠. تشجيع الاستثمار الخاص

١١. التأكيد على الوحدة الوطنية والقومية العربية

وهذه المرتكزات والأهداف بمختلف أبعادها تسعى إلى الارتقاء بمختلف نواحي الحياة الاقتصادية الاجتماعية والسياسية إلى أعلى المستويات بما ينعكس ذلك بصورة ايجابية على مستوى معيشة المواطن وتحسين نوعية الحياة.

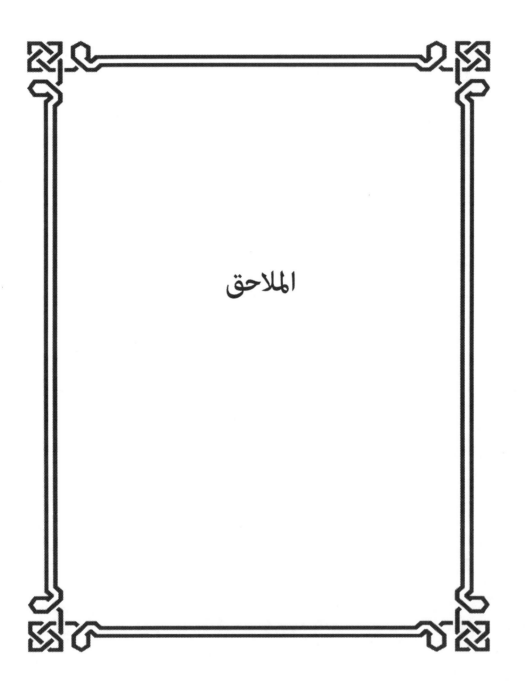

الملاحق

ملحق (١)

(مواد الدستور الأردني التي كفلت حقوق المواطنين وواجباتهم)

يعد الدستور القانون الأعلى الذي يحدد القواعد الأساسية لشكل الدولة ونظام الحكم وينظم السلطات العامة فيها من حيث التكوين والاختصاص والعلاقات التي بين السلطات وحدود كل سلطة والواجبات والحقوق الأساسية للأفراد والجماعات ويضع الضمانات لها تجاه السلطة، وقد سعى الدستور الاردني الى ترسيخ المواطنة بتفعيلها بالمرجعيات القانونية والدستورية التي تكفل لكل الاردنيين الحقوق ليكونوا مواطنين فاعلين في مجتمعها الاردني، بل لتكون هذه الحقوق دافعا نحو اداء الواجبات اتجاه وطنهم، ونعرض بعضاً من مواد الدستور التي تعزز هوية الوطنية من خلال التسلح بالانتماء والولاء وهي على النحو لآتي:

أولا: الدولة ونظام الحكم

المادة (١)

المملكة الأردنية الهاشمية دولة عربية مستقلة ذات سيادة ملكها لا يتجزأ ولا ينزل عن شيء منه، والشعب الأردني جزء من الأمة العربية ونظام الحكم فيها نيابي ملكي وراثي.

المادة (٢)

الإسلام دين الدولة واللغة العربية لغتها الرسمية .

المادة (٣)

مدينة عمان عاصمة المملكة ويجوز نقلها الى مكان آخر بقانون خاص .

ثانيا: حقوق الأردنيين وواجباتهم

المادة (٥)

الجنسية الأردنية تحدد بقانون.

المادة (٦)

١- الأردنيون أمام القانون سواء لا تمييز بينهم في الحقوق والواجبات وإن اختلفوا في العرق أو اللغة أو الدين .

٢- تكفل الدولة العمل والتعليم ضمن حدود امكانياتها وتكفل الطمأنينة وتكافؤ الفرص لجميع الأردنيين .

المادة (٧)

الحرية الشخصية مصونة.

المادة (٨)

لا يجوز أن يوقف أحد أو يحبس إلا وفق أحكام القانون.

المادة (٩)

١- لا يجوز إبعاد أردني من ديار المملكة .

٢- لا يجوز أن يحظر على أردني الإقامة في جهة ما ولا أن يلزم بالإقامة في مكان معين إلا في الأحوال المبينة في القانون.

المادة (١٠)

للمساكن حرمة فلا يجوز دخولها إلا في الأحوال المبينة في القانون، وبالكيفية المنصوص عليها فيه.

المادة (١١)

لا يستملك ملك أحد إلا للمنفعة العامة وفي مقابل تعويض عادل حسبما يعين في القانون.

المادة (١٢)

لا تفرض قروض جبرية ولا تصادر أموال منقولة أو غير منقولة إلا بمقتضى القانون.

المادة (١٣)

لا يفرض التشغيل الإلزامي على أحد غير أنه يجوز بمقتضى القانون فرض شـغل أو خدمـة عـلى أي شخ:

١- في حالة اضطرارية كحالة الحرب، أو عند وقوع خطر عام، أو حريـق أو طوفـان , أو مجاعـة، أو زلزال، أو مرض وبائي شديد للإنسان أو الحيوان أو آفات حيوانية أو حـشرية أو نباتيـة أو أيـة آفة أخرى مثلها أو في أية ظروف أخرى قد تعرض سلامة جميع السكان أو بعضهم الى خطر .

٢- بنتيجة الحكم عليه من محكمة، عـلى أن يـؤدي ذلـك العمـل أو الخدمـة تحت إشراف سـلطة رسمية. وأن لا يؤجر الشخص المحكوم عليه الى أشخاص أو شركـات أو جمعيـات أو أيـة هيئـة عامة أو يوضع تحت تصرفها .

المادة (١٤)

تحمي الدولة حرية القيام بشعائر الأديان والعقائد طبقـا للعـادات المرعيـة في المملكـة مـا لم تكـن مخلة بالنظام العام أو منافية للآداب.

المادة (١٥)

١- تكفل الدولة حرية الرأي، ولكل أردني أن يعرب بحرية عن رأيه بالقول والكتابة والتصوير وسائر وسائل التعبير بشرط أن لا يتجاوز حدود القانون.

٢- الصحافة والطباعة حرتان ضمن حدود القانون.

٣- لا يجوز تعطيل الصحف ولا إلغاء امتيازاتها إلا وفق أحكام القانون.

٤- يجوز في حالة إعلان الأحكام العرفية أو الطوارئ أن يفرض القانون على الصحف والنشرات والمؤلفات والإذاعة رقابة محدودة في الأمور التي تتصل بالسلامة العامة وأغراض الدفاع الوطني.

٥- ينظم القانون أسلوب المراقبة على موارد الصحف.

المادة (١٦)

١- للأردنيين حق الاجتماع ضمن حدود القانون.

٢- للأردنيين الحق في تأليف الجمعيات والأحزاب السياسية على أن تكون غايتها مشروعة ووسائلها سلمية وذات نظم لا تخالف أحكام الدستور.

٣- ينظم القانون طريقة تأليف الجمعيات والأحزاب السياسية ومراقبة مواردها .

المادة (١٧)

للأردنيين الحق في مخاطبة السلطات العامة فيما ينوبهم من أمور شخصية أو فيما له صلة بالشؤون العامة بالكيفية والشروط التي يعينها القانون .

المادة (١٨)

تعتبر جميع المراسلات البريدية والبرقية والمخاطبات الهاتفية سرية فلا تخضع للمراقبة أو التوقيف إلا في الأحوال المعينة في القانون.

المادة (١٩)

يحق للجماعات تأسيس مدارسها والقيام عليها لتعليم أفرادها على أن تراعي الأحكام العامة المنصوص عليها في القانون وتخضع لرقابة الحكومة في برامجها وتوجيهها.

المادة (٢٠)

التعليم الإبتدائي إلزامي للأردنيين وهو مجاني في مدارس الحكومة .

المادة (٢١)

١- لا يسلم اللاجئون السياسيون بسبب مبادئهم السياسية أو دفاعهم عن الحرية.

٢- تحدد الاتفاقات الدولية والقوانين أصول تسليم المجرمين العاديين.

المادة (٢٢)

١- لكل أردني الحق في تولي المناصب العامة بالشروط المعينة بالقوانين والأنظمة.

٢- التعيين للوظائف العامة من دائمة ومؤقتة في الدولة والإدارات الملحقة بها وبالبلديات يكون على أساس الكفاءات والمؤهلات.

المادة (٢٣)

١- العمل حق لجميع المواطنين وعلى الدولة أن توفره للأردنيين بتوجيه الإقتصاد الوطني والنهوض به .

٢- تحمي الدولة العمل وتضع له تشريعا يقوم على المبادئ الآتية:

أ- إعطاء العامل أجرا يتناسب مع كمية عمله وكيفيته.

ب- تحديد ساعات العمل الأسبوعية ومنح العمال أيام راحة أسبوعية وسنوية مع الأجر.

ج- تقرير تعويض خاص للعمال المعيلين، وفي أحوال التسريح والمرض والعجز والطوارئ الناشئة عن العمل.

د- تعيين الشروط الخاصة بعمل النساء والأحداث.

هـ- خضوع المعامل للقواعد الصحية.

و- تنظيم نقابي حر ضمن حدود القانون.

الفصل الثالث: السلطات - أحكام عامة

المادة (٢٤)

١- الأمة مصدر السلطات.

٢- تمارس الأمة سلطاتها على الوجه المبين في هذا الدستور.

المادة (٢٥)

تناط السلطة التشريعية بمجلس الأمة والملك ويتألف مجلس الأمة مـن مجلـسي الأعيـان والنواب.

المادة (٢٦)

تناط السلطة التنفيذية بالملك ويتولاها بواسطة وزرائه وفق أحكام هذا الدستور.

المادة (٢٧)

السلطة القضائية تتولاها المحاكم على اختلاف أنواعها ودرجاتها وتصدر جميع الأحكام وفق القانون باسم الملك.

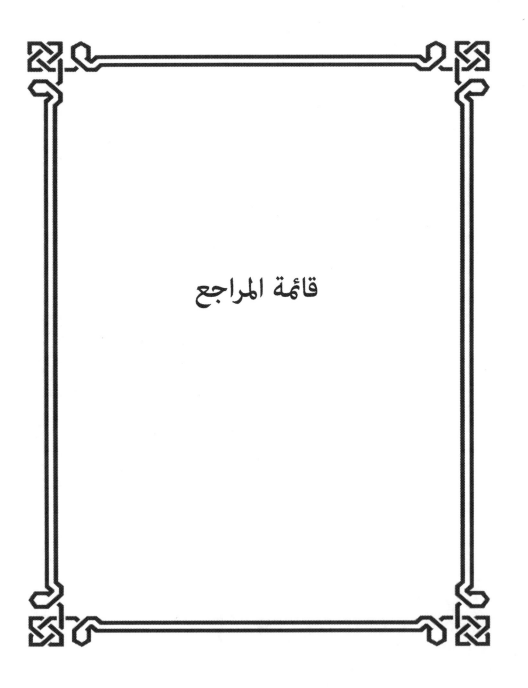

قائمة المراجع

قائمة المراجع

أولاً: المراجع العربية:

- ابن منظور، أبي الفضل جمال الدين (١٩٩٤). لسان العرب، ط٣، المجلد الخامس، لبنان، بيروت، دار صاد.

- أبو حلو، يعقوب ومرعي، توفيق والطيطي، صالح أبو شيخة، عيسى. (١٩٩٥). العلوم الاجتماعية وطرائق تدريسها، ج ح، منشورات جامعة القدس المفتوحة، عمان، الأردن.

- أبو رجائي، زياد. (٢٠٠٨). **الهاشميون في الدولة الحديثة والمنهج الثابت**، شبكة المنهاج الإسلامية: منقولة عـــن موقـــع جلالـــة الملـــك عبـــد اللـــه الثـــاني، اســـترجعت بتـــاريخ ٢٠١١/١/٢٠م.مـــن المصدر=www.almenhaj.net/makal.php?linkid

- امبوسعيدي، عبدالله بن خميس (٢٠٠٤). تضمين مفاهيم المواطنة في مناهج العلوم، ورقة عمل مقدمة إلى ورشة المواطنة في المنهج المدرسي، وزارة التربية والتعليم/ مسقط ٢٠-٢٠٠٤/٣/٢٢.

- أيوب، عيسوي(١٩٩٨). أي تربية وأي مواطنة، الكويت، مركز البحوث التربوية والمناهج بـوزارة التربية، مجلة التربية، ع ٢٥.

- باكير، حكمت.(١٩٩٩). **جوهر أتاج**. ط١. الزرقاء: مؤسسة باكير للدراسات الثقافية.

- التل وآخرون(١٩٩٣). المرجع في مبادئ التربية، الأردن عمان.

- الجاسور، ناظم. (٢٠٠٤). موسوعة علم السياسة. عمان. مجدلاوي للنشر.

- الجبور، مريم. (٢٠١٠). قيادات شبابية طموحة، رسالة المعلم، المجلد (٤٩) بـديل العـددين الأول والثاني ص ٢٢-٤٩، وزارة التربية والتعليم، عمان: الأردن.

- الحبيب، فهد. (٢٠٠٦). تربية المواطنة، إنترنت.

- حسن، فايزة بنت محمد (١٤٢٦هـ). دور المقررات الدراسية للمرحلة الثانوية في تنمية المواطنة، دراسة مقدمة إلى اللقاء الثالث عشر لقادة العمل التربوي (التربية والمواطنة)، المنعقد في منطقة الباحة، المملكة العربية السعودية.

- الحضرمي، عمر والعدوان، مصطفى. (٢٠٠٣). التربية الوطنية (لم تعرف دار النشر) عمان، الأردن.

- الحمود، رنا و نجادات، عبد السلام. (٢٠٠٧). **التربية الوطنية**. الطبعة الأولى. عمان: مكتبة المجتمع الأردني وأجنادين للنشر والتوزيع

- حميدة، فاطمة ابراهيم (١٩٩٧). المواد الاجتماعية: اهدافها، ومحتواها، واستراتيجيات تدريسها، القاهرة: مكتبة النهضة المصرية.

- الحوراني، أحمد عبد الرحمن. (٢٠٠٩). **عشر سنوات من الانجاز والعطاء: (مجموعة خطابات ومقالات) حضرة صاحب الجلالة الملك عبد الله الثاني بن الحسين المعظم (١٩٩٩-٢٠٠٩)**. عمان: المطبعة المركزية.

- الخضور، علي ورباح، اسحاق والثبيتات، قاسم. (٢٠٠٨). **التربية الوطنية**. عمان: دار كنوز المعرفة العلمية للنشر والتوزيع.

- خطاب، سمير. (٢٠٠٤). التنشئة السياسية والقيم، القاهرة: أيتراك للنشر والتوزيع.

- الخطايبه، صايل. (٢٠٠٦). **الأردن منذ فجر الحضارة حتى عام ٢٠٠٢م**. عمان: دار وائل للنشر والتوزيع.

- الخليفه، لولوة خليفة (٢٠٠٤). تجربة مملكة البحرين في مجال تعزيز تربية المواطنة في المناهج الدراسية، ورقة عمل مقدمة إلى ورشة عمل المواطنة في المنهج المدرسي، مسقط، وزارة التربية والتعليم.

- الخولي، محمد علي(١٩٨١). قاموس التربية، لبنان، بيروت، دار العلم للملايين.

- الدروع، قاسم والعرقان، عبد الله. (٢٠٠٠). **صفحات مشرقة في مسيرة الأردن الحديث**. عمان: المكتبة الوطنية.

- رسالة عمان في نبذ العنف،٢٠٠٧، مركز الجسر العربي للتنمية وحقوق الانسان، مطبعة السفير، عمان

- الرشدان، رانية. (٢٠٠٩). الكشف عن فاعلية برنامج تعليمي مقترح في التربية الوطنية والمدنية لتنمية مفاهيم المواطنة لدى أطفال رياض الأطفال. أطروحة دكتوراة غير منشورة، جامعة اليرموك، اربد، الأردن.

- زهران، ابراهيم والبطاينة، فواز. (٢٠٠٠). **جلالة الملك عبد الله الثاني بن الحسين المعظم ومسيرة الهاشميين عبر التاريخ**. عمان (د.م)

- ساتو، تيرو(١٩٧٩).التربية من أجل التفاهم الدولي في مدارس اليابان، ترجمة حمدي النحاس، اليونسكو، مجلة مستقبل التربية، ع ٢.

- الشيدي، محمد بن خلفان (٢٠٠٤، مارس). التربية الوطنية في المناهج الدراسية بسلطنة عمان، ورقة عمل مقدمة إلى ورشة عمل المواطنة في المنهج المدرسي، مسقط، وزارة التربية والتعليم.

- الصمادي، سليمان مصطفى. (٢٠٠٢). **الملك والدولة**. عمان: دار الخليج للنشر والتوزيع.

- الطاهات، وداد. (٢٠٠٧). نموذج مقترح قائم على مفاهيم الوحدة الوطنية لكتاب التربية الوطنية للصف العاشر الأساسي واختبار أثره في تحصيل الطلبة واتجاهاتهم نحو مفاهيم الوحدة الوطنية، أطروحة دكتوراه غير منشورة، جامعة اليرموك، اربد، الأردن.

- الطراونة، إخليف. (٢٠١١). **شمعة الأردن الهاشميون**. جامعة مؤتة: منبر الأمة.

- عبد البديع أحمد عباس(١٩٨٣). المقومات السياسية للنهضة اليابانية المعاصرة، مركز الدراسات السياسية والاستراتيجية بالأهرام، مجلة السياسة الدولية، ع ٧٣.

- عبوي، زيد منير. (٢٠٠٧). الأردن الأقوى: الإستراتيجية الوطنية الشاملة. عمان: دار الراية للنشر والتوزيع.

- العرقان، عبدالله راشد. (٢٠٠٢). الهاشميون قصة انجاز وعظمة تحدي. اربد: مطبعة الروزنا، اربد.

- العريان، جعفر يعقوب(١٩٩٠). التجربة الأمريكية في تطوير المواد الاجتماعية، مركز البحوث التربوية والمناهج بوزارة التربية، مجلة التربية، ع ٤.

- علي، محمد النووي. (٢٠١٠). مقياس الانتماء، دار صفاء للنشر والتوزيع، عمان: الأردن.

- العناقرة، محمد والبواعنة، لؤي ومحمد سعيد الدمنهوري. (٢٠٠٨). التربية الوطنية. دار حنين للنشر والتوزيع.

- فاعوري، إبراهيم. (٢٠٠٤). الهاشميون ملوك صنعوا التاريخ: الأردن تاريخ وحضارة. عمان: دار الحامد للنشر والتوزيع

- فريحه،نمر (٢٠٠٤، مارس). التجربة اللبنانية في تدريس مفهوم المواطنة، ورقة عمل مقدمة إلى ورشة عمل المواطنة في المنهج المدرسي، مسقط، وزارة التربية والتعليم.

- القحطاني، سالم علي (١٩٩٨). التربية الوطنية "مفهومها، أهدافها، تدريسها"، مكتب التربية العربي لدول الخليج، رسالة الخليج العربي، ع ٦٦.

- القروم، ميساء وإبراهيم، حنين. (٢٠٠٨). مسيرة الاستقلال جلالة الملك عبد الله الثاني بن الحسين المعظم. سلسلة الأجندة الوطنية: عمان.

- كارين، ايفينس(٢٠٠٠). تشكيل مستقبليات التعلم من أجل الكفاية والمواطنة، ترجمة خميس بن حميدة، المنظمة العربية للتربية والثقافة والعلوم.

- الكواري، علي خليفة (٢٠٠١). مفهوم المواطنة في الدولة الديمقراطية، مجلة المستقبل العربي، مركز دراسات الوحدة العربية، السنة(٢٣)، العدد(٢٦٤)، ص ص ١٠٤-١٢٥.

- المحارمة، عمر. (٢٠١١). مسيرة الاستقلال الوطن...حكاية نجاح هاشمية، جريدة الدستور الأردنية، **ملحق خاص بمناسبة عيد الاستقلال**، الجزء الأول. العدد (١٥٧٥٧).

- محاسيس، نجاة. (٢٠١١). **الوفاء الهاشمي**. الطبعة الأولى. عمان: دار زهران للنشر والتوزيع.

- محافظة، علي. (١٩٨٨). **عشرة أعوام من الكفاح والبناء**. مجموعة خطب جلالة الملك الحسين بن طلال المعظم. عمان: مركز الكتب الأردني

- محافظة،علي وعبد الرحمن، إسماعيل وعبد الحي، وليد. (٢٠٠٦). **التربية الوطنية**. الطبعة الاولى. عمان: دار جرير للنشر والتوزيع.

- مرسي، محمد منير(١٩٩٨). التربية المقارنة بين الأصول النظرية والتجارب العالمية، القاهرة، دار عالم الكتب.

- المستريحي، مها. (٢٠٠٨). الكشف عن مدى مراعاة كتب التربية الوطنية والمدنية للمرحلة الأساسية العليا في الأردن لمبادئ الديمقراطية وأثر تطوير وحدات تعليمية في معرفة الطلبة لتلك المبادئ واتجاهاتهم نحو الديمقراطية، أطروحة دكتوراه غير منشورة، جامعة اليرموك، اربد، الأردن.

- المعمري، سيف بن ناصر (٢٠٠٢). تقويم مقررات التربية الوطنية بالمرحلة الإعدادية بسلطنة عمان في ضوء خصائص المواطنة، رسالة ماجستير غير منشورة، كلية التربية، جامعة السلطان قابوس.

- المعمري، سيف بن ناصر (٢٠٠٤، مارس).، ورقة عمل مقدمة إلى ورشة عمل المواطنة في المنهج المدرسي، مسقط، وزارة التربية والتعليم.

- منشورات منتدى الفراج. (٢٠٠٩). **الهاشميون بناة الأردن**.. استرجعت بتاريخ ٢٠١١/٤/٢٠ من المصدر /html/www.mazahcafe.com/vb/-a-77534 .

- الموسوعة العربية العالمية(١٩٩٦). الرياض مؤسسة أعمال الموسوعة للنشر والتوزيع.

١٩٣

- موسى، سليمان. (١٩٩٢). **الحسين بن علي والثورة العربية الكبرى**.ط.٢. عمان: منشورات لجنة تاريخ الأردن. فريحات، حكمت. (١٩٩٠). **الثورة العربية الكبرى وقضايا العرب المعاصرة**. عمان: مكتبة دار الثقافة للنشر والتوزيع.

- موقع الأردن الحكومة الالكترونية،مجلس النواب http://www.representatives.jo/wthk.shtm

- موقع جلالة الملك عبد الله الثاني ابن الحسين: **المبادرات الملكية**، استرجعت بتاريخ ٢٠١١/٥/٢٩م، من المصدر:

http://www.Kingabdallah.jo/index.php/ar-Jo/intiatives/listing.html

- ناريان (٢٠٠٤، مارس). تعليم القيم الانسانية والمواطنة، ورقة عمل مقدمة إلى ورشة عمل المواطنة في المنهج المدرسي، مسقط، وزارة التربية والتعليم.

- ناصر، إبراهيم عبد الله. (٢٠٠٢). المواطنة، دار مكتبة الرائد العلمية، عمان، الأردن.

- ناصر، إبراهيم. (٢٠٠٢). المواطنة. عمان: مكتبة الرائد العلمية.

- هلال، فتحي وآخرون. (٢٠٠٦). تنمية المواطنة لدى طلبة المرحلة الثانوية بدولة الكويت، الكويت، مركز البحوث التربوية والمناهج بوزارة التربية.

- هوك، جلين(١٩٧٩). اليابان اتضع سياسة تعليمية للسلام أم لا؟، ترجمة درية الكرار، اليونسكو، مجلة مستقبل التربية، ع ٢.

- وزارة التربية والتعليم. (٢٠٠٩). **الهاشميون: الإنجازات عبر العصور**. استرجعت بتاريخ ٢٠١١/٦/١٨م من المصدر: www.nohodainalbashairectory.com/nssab_tles

- ياسين، نمير طه. (٢٠١٠). **تاريخ العرب الحديث والمعاصر**. عمان: دار الفكر العربي.

٢- المراجع الاجنبية:

- Ashton, N. (2006). King Hussein's Role during the Crisis of 1970 in Jordan. International History Review, 28 (1): 94-118.

- Bliclcle, Gerhard; Summers, James. (2010). The Impact of Political skill on Caeer success of Employees Repressentitives, Journal of Vocational Behavior, 77 (3) 383- 390.

- Center For Civic Education (1994). National Standers for Civic and Government, from the world wide web: http://www. Civiced.org/stds-htm.

- Center For Civic Education (1998 September). The Role of Civic Education ، from the world wide web: http://www. Civiced.org/stds-htm.

- Center for Creative Leadership. (2010). Six Asoects of Politicalk skill Retrived on 27/2/2011 form www.Unlock.com.

- Feur, Aaron. (2009). Student Board Members make ADIFF erence Retrived on May 5th, 2009 form www.eddigest.com.

- Gilljam, Mikeal; Lidholm Toru. (2010). The Voice of the pupils: An Experiemental Comparison of Decesion Made by Elected pupils Parliament Education Assessment, 22 (1) , 73- 88.

- Ireland, Eleanor Kerr; Nelson, Julie. (2006). Active Citizenship and Yong People: Opportunities Exoeriences and challarges, National Foundation for Education Research, 16: p 118

- Iverson, susan; James, Jennifer. (2010). Becoming Effective citizens? Change- oriented Service in a teacher Education program, Innovative Higher Education, 35 (1) ، 19- 35.

- Long street, W(1997). alternative futures and the social studies ، in revans and saxe (Eds), hand book on teaching social issues, national council for the social studies, Washington, dc, pp. 317-260.

- Meurs ، James; Gallagher, Vickie. (2010). Outcem Relationship Jpurnal of Vocation Beharior, 76 (3) , 520- 533.

- Moss ، Jennifer; Barburo, John. (2010). The Relationship Between Inerpersonal Political S Kilk, Alturism, Leadership Success and Effectiveness, Journal of Behavioral and Applied Management ، 11(2) , 155-174.

- Notional Council for the social studes. (1994). Exoecrations of Excellene: Curruculum staudies Washington d.c, National Council for the social studies.

- Orme, W.(1999).The process of building jordan. Comparative Political Studies, 32(1):11-22.

- Patrick, J (1991). Teacher the Responsibilities of Citizenship ، ERIC Digest, Bloomington, IN:ERIC Clearinghouse for social studies/ social Science education, IN.ED332929

- Puaca, Brian. (2005). We learned wiat Democracy Realy meanto: the Student Parliament and Postwar Reform. Fistory of Education Quartele, 45 (4). 615-624.

- Robinsk P. (2008). A History of Jordan. Cambridge: Cambridge University Press.

- Royal British Institute. (2009). Students storm Houses of Parliament. RIBA Journal, 116 (6) , p 16.

- Shryock, A. (2000). Testing the limits of pluralism ، tribalism ، and King Hussein's example in Hashemite Jordan. Arab Studies Quarterly, 22 (3): 57-78.

- The Center of Civic Education. (2008). Active citizenship, 213 (7) 43-48.

- UNRWA. (2010). UNRWA school: Studentsekect parliaments. Retrived form. www.UNRWQ.com ob 23 December ، 2010.

- Yoav, A. (2007). The Making of Jordan: Tribes, Colonialism and Modern State. London: Taurispress Press.

- (www.albyan.com)

T0110675

Printed in the United States
By Bookmasters